Mamá A LOS 16

Los eventos y conversaciones en este libro se han narrado lo mejor que ha podido la autora, aunque algunos nombres y detalles se han cambiado para proteger la privacidad de las personas (involucradas en la historia).

Primera edición: marzo de 2024
©2024, Claudia Pellegrino LLC

Todos los derechos son reservados. Queda prohibido, la reproducción total o parcial de esta obra por cualquier medio o procedimiento sin la autorización previa y por escrito de la autora. Para una reproducción total o parcial diríjase a cpellegrino01@gmail.com.

Esta es una obra de anécdotas y vivencias personales de la autora.

ISBN: 979-8-218-34396-5

También disponible en *e-book*.

Dirección editorial y edición: Ileana Ruiz Cruz
Dirección y revisión del texto original: Andrea Closa
Lectores del texto original: Marcela Yépez y Mónica Pellegrino
Fotografía del autor: Wilder Aranibar García
Cubierta y tipografía: Laura Antonioli

Publicado por Claudia Pellegrino LLC

claudiapellegrino.com

ÍNDICE

Mamá A LOS 16

Camino al éxito superando barreras,
una historia de fortaleza y resiliencia

CLAUDIA PELLEGRINO

A mis hijas, los más grandes premios e inspiraciones que me dio la vida.
A mi esposo, mi compañero de vida y fuente inagotable de apoyo y amor.
A mis padres, por el amor incondicional, el apoyo y las enseñanzas.
A mi tía Angie, mi tío Jerry y Esther, mis ángeles, que en vida me dieron tanto.
A mi adorada abuelita Elsa. Gracias, abuelita. Nunca te lo dije, pero fuiste y eres una de las personas más importantes de mi vida. Le agradezco a Dios el haberme dado una abuelita como tú. Sé que ahora, desde el cielo, sigues creando y diseñando maravillas sobre todos nosotros.
A mi tío Martín, por protegerme y quererme como a su propia hija.
Y, especialmente, a todas las mamás y papás adolescentes. Este es mi testimonio y lucha para que tengamos las mismas oportunidades que los demás. ¡Tú eres capaz e invencible!¡ Tú puedes!

"Me dijeron que no podría,
así que lo hice"

Autor anónimo

INTRODUCCIÓN

Claudia era una niña que tenía casi todo; una linda casa, una familia establecida y buena educación. De pronto, la misteriosa muerte de un ser querido presagió que todo estaba a punto de cambiar. Los problemas económicos de sus padres se acumularon y la obligaron a dejar su vecindario que la vio crecer. Esto trajo consigo que Claudia tenga que asumir responsabilidades que no le correspondían como de cuidar a sus hermanas menores mientras sus padres trabajaban para llevar el pan a la mesa. Los problemas entre sus padres también se incrementaron y ambos luchaban por salvar su matrimonio.

Los esfuerzos no eran suficientes y debe dejar a su papá para viajar a Estados Unidos y empezar en un país totalmente distinto. Una nueva vida que la llevará a crecer de manera acelerada, a conocer en paralelo el sentimiento del amor y desamor, mientras aprende a recorrer los caminos inciertos de ser una madre adolescente pese a las adversidades, Claudia está decidida a no ser una más en las estadísticas. Con distintos trabajos y trabas para acceder al sistema educativo, mantiene el sueño claro, luchar contra los prejuicios y de la mano de su pequeña hija, conseguir su ansiado título universitario.

Claudia Pellegrino repasa en *Mamá A Los 16* su propia historia desde su óptica de lo que vivió y percibió; a adolescente que deja su país, cuida a sus hermanas, vive el conflicto familiar que la obliga a crecer aceleradamente y atraviesa una relación conflictiva y queda embarazada a la edad de 16 años. Ser migrante y madre, con escasos recursos emocionales, económicos, culturales, la enfrenta a estigmas y barreras sistemáticas que pueden hacerla tropezar, pero que no la derriban. A base de resiliencia y perseverancia, supera retos y se convierte en una mujer que es capaz de lograr todo lo que se proponga, aunque la vida tenga preparada siempre una nueva prueba.

Capítulo Uno

PERSONAS IMPORTANTES EN MI VIDA

Buena música, diversión y risas era lo que me rodeaba en toda celebración que tenían mis padres y familiares. Mi mamá era 20 años menor que mi papá. Ella era una mujer de cabello negro azabache, alta y silueta admirable. Llevaba siempre vestidos pegados y robaba miradas al caminar.

En esa época, en Lima, los cobradores de "COMBIS", (autobuses) eran personajes muy criollos, coloridos y visten de manera muy casual; eso sí, son muy listos. Tienen una habilidad especial para hacer varias cosas al mismo tiempo: invitan a los pasajeros a subir al vehículo, cobran el pasaje del trayecto, resuelven dudas. Por la ventana o la puerta de los autobuses anuncian los diversos destinos con un tono de voz muy particular. El sonido de voz que tienen es bastante veloz. Me hace recordar a las personas que realizan subastas y hablan muy rápido, como si les hubieran dado cuerda. Pienso que, si vivieran en Estados Unidos, ganarían mucho dinero trabajando en radio o comerciales. ¡Es un talento muy especial!

Me molestaba que le dijeran piropos a mi mamá porque, a veces, estos piropos ya no eran agradables sino ataques verbales a mi mamá, sin importar que ella estuviera conmigo y con mi hermana.

Si ella se ponía su vestido favorito, uno blanco con rayas negras; era blanco de estos piropos. Detestaba esos momentos, era muy bochornoso para mí. A mis 10 años, creé una forma de rechazar esos piropos. Cuando una persona le decía algo a mi mamá yo volteaba mi cara con mirada de villana de telenovela, y les sacaba la lengua. En mi inocencia, ese gesto era un acto de rebeldía, representaba fastidio y cólera hacia la persona. Mis padres nos inculcaron a mi hermana y a mí buenos modales desde pequeñas, por eso, al sacar la lengua sentía que era descortés.

Vivíamos en una zona muy bonita y jamás estuvimos expuestos a esos desagradables ataques verbales, excepto cuando íbamos al centro de Lima. Mi familia y yo vivíamos aislados de la delincuencia y del alboroto de Lima central. Pero creí justo y necesario rebelarme, dejar esos buenos modales y sacar la lengua para demostrar mi disconformidad con la forma en la que acosaban a mi madre. Como hermana mayor, sentía la obligación de protegerla, sobre todo cuando mi padre estaba ausente. Para ser honesta, nunca vi a mi madre ofendida o fastidiada por esta situación incómoda. Cuando la acompañaba los sábados al Centro de Lima a trabajar, ella caminaba como si nada ocurriera. Nunca decía nada, ni prestaba atención. Al ser una mujer muy guapa y con los constantes piropos que recibía, ella se volvió inmune a los ataques verbales que muchas mujeres enfrentan diariamente. Nunca le pregunté, pero fueron momentos que me enseñaron, desde muy temprano, a asumir responsabilidades que no me correspondían. A esa edad, creí que tenía que ser la persona que proteja y dé la cara por mi familia, ante la ausencia de mi padre. Él trabajaba arduamente para darnos gustos, especialmente, comprarme algún juguete o las botas de moda hasta la rodilla que se me caían por ser tan flaca.

Los primeros años de mi vida fueron divertidos y llenos de amor. Mi padre era un hombre muy protector y cariñoso. Él siempre se preocupaba por darnos lo mejor. La mejor educación, ropa, niñera, comida, etc. Él era muy popular por ser uno de los pioneros en importar llantas a Lima. En ese entonces, la compañía para la cual él trabajaba estaba revolucionando el mundo automotriz. De pronto decidió extender sus alas y emprender su propio negocio. *Servillantas* era el nombre de su empresa. Ofrecía venta y reencauche de neumáticos llantas. Reencauchar consiste en retirar la banda de rodamiento de las llantas gastadas para colocarles una nueva que les permita seguir circulando. Me llevaba con él los sábados. Yo aprovechaba para jugar con los niños del barrio. Para mí, ir a Breña era una total aventura. Yo iba con vestido, medias con bobos y mi cola de caballo con un lazo que combinaba con el color de mi vestido. Las niñas con las que jugaba andaban con shorts o jeans y sus camisas amarradas a la cintura. Aprendí muchos juegos en la calle.

Además de ser conocido como empresario, mi padre era muy reconocido por su arte culinario. Le encantaba cocinar. Uno de nuestros pasatiempos era visitar mercados y disfrutar del famoso ceviche peruano. Teníamos la costumbre de saborear el ceviche y dar nuestras críticas. Al ser un excelente cocinero, él fue muy exigente con la crítica. Yo aprendía, imitaba y llenaba mi paladar con todo lo que él comiera. Lo hacía con tantas ganas, y lo disfrutaba tan plenamente que cada vez que lo veía comer a mí también se me antojaba. Juntos explorábamos nuevos sabores y el arte culinario del Perú, creando memorias inolvidables. Mi padre disfrutaba mucho verme comer y saborear cada bocado. Por eso, siempre me consentía con mis platos favoritos, día o noche, sin importar la hora.

Todos los domingos cuando visitábamos a mi abuelito materno, Alfredo, pasábamos por el mercado cerca de su casa para comer nuestro plato favorito, el ceviche. En un puesto pequeñito en una esquina del mercado, nos atendía una señora, siempre acompañada de una niña con cara de mala gracia. Creo que a la pobre niña la obligaban a ir a trabajar. La veía y me daba pena pero ese sentimiento se me iba rápido después de comer el delicioso platillo que preparaba la señora. A los que no han probado el ceviche peruano, les recomiendo degustar este manjar culinario. El ceviche es una fusión de pescados y mariscos con cebolla y culantro, todo marinado en el jugo del limón. Si el ceviche es hecho fresco, mucho mejor. Es una verdadera delicia y mi plato de comida favorito. Jamás crecí con el deseo de comer chocolates o caramelos, como la mayoría de los niños. Mis antojos eran de ceviche o alguna otra preparación con mariscos. Eso le agradezco a mi padre, el enseñarme a comer bien. Él nos enseñó a mi hermana y a mí a comer sano y rico.

Mi hermana, María Julia, era tres años menor que yo. Sin embargo, físicamente nos parecíamos mucho, parecía mi gemela. A mi parecer teníamos ciertas diferencias pero pocos las apreciaban. Ella era un poco más llenita, con la piel más oscura que la mía y un brillante cabello lacio. Yo era extremadamente delgada con el cabello oscuro y ondulado. Inclusive, mis amigos en Perú constantemente me ponían sobrenombres por lo delgada que era.

No recuerdo si mis padres, explícitamente me asignaron la responsabilidad de proteger y cuidar a mi hermana menor. Tampoco recuerdo en qué momento asumí esa tarea, o si fue algo que, naturalmente, nació en mí como hermana mayor. Recuerdo que unas de las responsabilidades más importantes desde que María Julia nació fue cuidarla y protegerla.

Sentía la responsabilidad de que no le pasara nada. Siempre que salíamos a jugar, tenía mucho cuidado con ella, que no se lastimara y advertía a mis amigos del vecindario para que tuvieran el mismo cuidado. Cuando jugábamos algo nuevo, yo siempre lo intentaba primero para asegurarme que mi hermana no se hiciera daño. Siempre con mucha cautela y cuidado, ya que ella me seguía a todas partes, siempre quería participar en todas mis actividades y estar en todo lo que hacía. Mis amigos se incomodaban cuando después de nuestros juegos nos sentábamos en la vereda a conversar y todos nos congregábamos en una especie de círculo y María Julia, sentada al lado mío. Los chicos más grandes del grupo empezaban conversando de eventos que habían escuchado o visto en las noticias o algún acontecimiento del colegio y daban sus opiniones con elocuencia. Por momentos se les escapan una o dos palabras no muy apropiadas y yo, con una mirada penetrante, les hacía recordar que mi hermana pequeña estaba al lado mío. María Julia muy entretenida y fascinada por las conversaciones de los niños mayores; yo tensa y nerviosa por mi hermana. No me gustaba exponerla a esa clase de conversaciones. A mi hermana le gustaba vestirse igual a mí y me pedía que seleccione su ropa, constantemente. Yo lo hacía con mucho gusto. Una vez que me peinaba, ella observaba y esperaba ansiosa a que le haga el mismo peinado. Cuando éramos pequeñas, no me molestaba estar vestidas y peinadas de la misma forma. Pero a medida que íbamos creciendo yo era frecuente blanco de burlas por parte de mis amigos.

En las mañanas, cuando era la hora de bañarnos lo hacíamos juntas. Yo le lavaba el cabello con muy poco champú y acondicionador para que no se le irritaran los ojos. Mi hermanita cerraba los ojos y me pedía que le avise cuando podía abrirlos de nuevo. La secaba y le pedía que se fuera al dormitorio mientras yo me terminaba de bañar para vestirla. Era algo que yo en particular disfrutaba hacer, sentía por momentos como si fuera mi hija y no mi hermana. Dormíamos juntas y teníamos los mismos gustos en todo. Así crecimos, ella siguiéndome los pasos y yo, haciendo mi mejor esfuerzo para protegerla y cuidarla.

En ese tiempo, la moda era vestir a los hijos e hijas iguales como si fuesen gemelos. Mi madre llevaba esta tendencia al máximo extremo desde la ropa interior hasta los zapatos. ¡Yo lo detestaba! Me daba vergüenza frente a mis amigos. Yo quería estar a la moda y pertenecer al grupo de amigos populares. Para mí, eran momentos de humillación pública. De todas formas, tengo lindos recuerdos de aquellos tiempos.

Mi abuelita es otro recuerdo lindo que tengo. Ella era modista de profesión. Una mujer muy elegante y refinada. Ella era una dama en todos los aspectos. Siempre llevaba una brillante cabellera negro azabache y una voz delicada que agraciaba toda conversación. Le encantaba llevar su rostro maquillado que hacían sintonía con sus vestidos impecables, cautivando a todos alrededor con su agradable aroma. Vivía en Estados Unidos pero nos visitaba con frecuencia. Cada vez que viajaba a Lima, traía muchos regalos y vestidos que ella misma hacía para nosotras. Por supuesto, siempre iguales. Me da mucha melancolía recordar esos tiempos, en los que mi abuelita nos confeccionaba vestidos y adornos para el cabello con mucho amor y cariño.

Mi abuelita nació en Tarapoto, ciudad ubicada en la Amazonía peruana. Ella fue criada por monjas en un internado, según cuentan mis tías, ya que en esos años existían muy pocos colegios de buen nivel académico. Mis bisabuelos decidieron enviarla a esa especie de residencia donde los niños viven y estudian en la temporada escolar. Ese sacrificio, que hicieron sus padres, fue fundamental no solo en su educación, sino también en sus habilidades como modista y cocinera. Además, esta educación le ayudó a ser ordenada, educada y distinguida, especialmente al momento de hablar y caminar. Incluso estando postrada en una cama de hospital en sus últimos días de vida, ella lucía espléndida con su maquillaje, una piel bien cuidada, cabello sedoso y su ropa bien elegante.

Mi abuelita me inculcó siempre estar arreglada y linda sin importar la situación que atraviese. También me enseñó a andar con la frente en alto sin importar en que estatus económico me encuentre o los miles de problemas que me agobien. "Primero muerta, que sencilla", esta frase me hace recordar mucho a ella. Hasta el último día de su vida, se mantuvo bella y elegante. Siempre me demostró su cariño. Siempre estuvo presente, con regalos de cumpleaños, obsequiándome la primera bicicleta o viajando a mi país para compartir y celebrar momentos especiales. Gracias, abuelita, por haberme bendecido con tu presencia y amor incondicional. Gracias, por ser una sofisticada dama ejemplar. Fuiste un gran ejemplo a seguir para mí y siempre te estaré agradecida. Me inculcaste buenos modales, valores y la importancia de cuidar el aspecto físico. El siempre tener buena apariencia es algo que, aunque parezca superficial, a mí me abrió muchas puertas. Te amo infinitamente abuelita y siempre estarás en lo más profundo de mi corazón.

Otra persona que influyó mucho en mí fue mi tío Martín. Realmente él no era mi tío de sangre pero era parte de la familia y mi ángel guardián. Los diversos relatos de las personas que lo conocieron desde chico, cuentan que tío Martin fue un adolecente rebelde. Él era de piel trigueña, delgado y llevaba el pelo con la raya al costado o peinado cachetada, como decimos criollamente en la Lima pintoresca. Él era un poco tartamudo y no pronunciaba bien la letra r, era chistoso escucharlo hablar. Vivía cerca a la casa de mi abuelita, en Breña.

A sus 16 años, su rebeldía lo llevó a experimentar una vida de aventuras y peligros. Mi padre era ya un hombre de 38 años y exitoso administrador de empresas. La relación de mi padre con mi tío Martín inició cuando mi papá le pidió que cuidara su auto, mientras hacía sus diligencias. Luego, el acuerdo se volvió una costumbre. Mi padre empezó a confiar en mi tío Martín. Se encariñó mucho con él tras ver el potencial que pocos reconocían. Se convirtió en una especie de mentor, poco a poco, fue guiándolo en el sector laboral y enseñándole la importancia del conocimiento. Como leer siempre el periódico para estar al día en todo y así pudiera participar en conversaciones.

En Lima, ciertos barrios son extremadamente peligrosos. Apenas entre abril y mayo del 2022, según cifras del Instituto Nacional de Estadística e Informática (INEI), se denunciaron 40,837 delitos. En la capital te conviertes en presa fácil. La calle está llena de peligros las veinticuatro horas. Los delincuentes no descansan ni en día feriados. Yo ni quiero imaginar las atrocidades a las que él pudo ser sometido de niño o adolescente en las calles. Creo que todo eso pasó por la mente de mi padre cuando decidió darle una mejor vida a mi tío. Era contemporáneo con muchas de mis tías y se volvió parte importante de mi vida. Mi papá lo contrató en su empresa y luego lo recomendó a distintos trabajos como *guachimán*, (un anglicismo usado en Perú), proveniente de la palabra *watchman*, para referirse a los vigilantes. Debido al alto índice de delincuencia en Perú, es habitual contratar guachimanes para cuidar vecindarios, negocios y casas. Es así como mi tío Martín desarrolló su talento protector y empezó a trabajar como seguridad. A mi criterio, una de las funciones más arriesgadas que existen, sobre todo en un lugar como Lima. Posteriormente él se mudó a vivir con nosotros, en el distrito de Los Olivos, ubicado al Norte de Lima, en una casa que mi propio padre diseñó. La casa no era una mansión pero tenía acabados muy lindos y particulares. Las losetas del garaje eran muy finas y la fachada tenía un diseño europeo muy atractivo. Las rejas eran negras y llevaban figuras de soldados imperiales, entre muchos otros detalles diseñados con finos acabados.

Mi padre confiaba en mi tío Martín a pesar de que no lo conocía mucho. En Lima, en los ochentas, la ayuda al prójimo era algo cotidiano.

Mi padre lo hospedó en un pequeño espacio disponible en la casa en la lavandería donde no había techo pero sí tenía rejas de seguridad. Su cama era de esas camas plegables, pequeñas, que se doblan en dos. Durante el día estaba doblada en la lavandería y en la noche mi tío Martín la extendía para dormir. Ahora, haciendo memoria del reducido espacio en el que pasaba las noches, imagino cuántos dolores de espalda y frío habrá tenido en esa época. Nunca lo escuché quejarse; por el contrario, lo recuerdo siempre agradecido y contento. Cuando uno es joven, se adapta fácilmente a cualquier situación y condición.

A mi tío Martín le encantaba cocinar y ver El Chavo del 8. Lo disfrutaba tanto como yo. A las cinco de la tarde, nos sentábamos a ver el programa de comedia mexicano en la televisión. El programa trataba sobre vivencias de un grupo de personas de una vecindad donde su protagonista, el Chavo, hacía travesuras junto con sus amigos ocasionando malentendidos y discusiones entre los mismos vecinos.

Aunque el canal repetía los episodios, igual me parecía un mate de risa. Lo disfrutábamos como si nunca hubiéramos visto los episodios. Hasta el día de hoy, cuando me provoca ver televisión en español y aparece El Chavo del 8 lo disfruto tanto que cualquiera diría que lo estoy viendo por primera vez. Esas memorias están tan grabadas en mi memoria, que suelo usar frases del programa en mi vocabulario diario. Por ejemplo, cuando mis hijas no se peinan o están desarregladas, les digo que parecen la *Chimoltrufia*. Este personaje usa siempre el cabello despeinado (parecía escoba de barrendero), una blusa café, con falda y medias de colores, un medio delantal amarillo crema y unas chanclas blancas. O, cuando alguien dice algo sin sentido, respondo: "Qué bruto, póngale cero".

Mi tío Martin era bien picaflor. En Perú solemos decir "picaflor" a los hombres que coquetean con varias mujeres y que no se comprometen con alguna de ellas. Siempre cortejaba a las vecinas, a mi profesora de inglés, Ms. Elizabeth y a las señoritas que realizaban la limpieza en la casa. Ahora entiendo por qué renunciaron constantemente. Era divertido ver cómo se esmeraba en peinarse, con su raya al lado, para estar presentable. Él se perfumaba y se ponía sus mejores camisas para recogernos del colegio. Se creía artista de cine y yo le seguía el juego. El amor propio y su ilusión de galán de telenovela fue una de las primeras lecciones de valorización de autoestima que aprendí. Él nunca se sintió menos que nadie. Siempre llevaba su orgullo en alto y era muy soñador. Vivía ilusionado con enamorarse de una mujer hermosa de cuerpo escultural. Algunas de las novias que conocí fueron muy guapas. Mi tío tenía mucha confianza en sí mismo de tal manera que celebraba sus grandes o pequeñas victorias resaltando su orgullo por todo lo que lograba. Yo admiraba mucho esa cualidad en él.

Mi niñez estuvo marcada por muchas experiencias y personas de las cuales aprendí. Soy una persona muy observadora. Veo, analizo e interiorizo comportamientos que contribuyen a mi vida. Es una cualidad positiva muy rara para una niña pero siento que fui bendecida con esa habilidad. Mientras pienso en mis vivencias, recuerdo a mi tía Maricucha. Sí, ese es su nombre. Un nombre muy poco común. No sé si trataron de combinar dos nombres o si lo sacaron de los viejos almanaques. Es una curiosidad que siempre he tenido porque es muy peculiar.

Mi tía Maricucha llevaba la música por dentro y bailaba todo el tiempo. Era una mujer alta, usaba el cabello corto y ondulado y llenaba todos los espacios de alegría con su sonrisa. Una mulata de tez blanca la cual atraía la atención de todos cuando bailaba con su *swing* único. Ella y su hermana son hijas de Papá Francisco, esposo de mi bisabuela. Solían vivir con su madre en una casa que se incendió. A raíz de ese accidente, Papá Francisco tomó la decisión de llevarlas a vivir con él y con mi bisabuela. Ellas se criaron con mi mamá y sus hermanos. Frecuentemente, en el sitio donde vivían pasaba el tamalero (el que vendía tamales) en una carretilla con altavoz, siempre con música muy popular en Perú como la salsa y ritmos afroperuanos. El tamalero caminaba por las calles del barrio con dos extravagantes bailarinas que eran hombres vestidos de mujer y que llevaban un globo en el trasero y otros dos en el pecho. Ellos usaban faldas pequeñas y maquillaje colorido. Estos bailarines hacían un espectáculo muy divertido, aunque muchos lo consideraban vulgar. En aquellos tiempos, la sociedad era bastante conservadora. El solo hecho de ver a un hombre vestido de mujer era un escándalo. Sin embargo, a mi tía Maricucha eso no le importaba. Cuando era niña, apenas escuchaba la música del tamalero, corría desesperadamente a la ca- lle. Cualquiera pensaría que lo hacía por un galán pero no, su intención era bailar. Los vecinos se congregaban para verla mover las caderas al estilo Iris Chacón, famosa vedette puertorriqueña. Mientras las otras niñas de su edad jugaban a las escondidas, a saltar la cuerda o a las muñecas, mi tía Maricucha se robaba el espectáculo todas las tardes bailando con los tamaleros.

Hasta que la encontraba mi bisabuela y la llevaba a casa por el pelo. En esos tiempos, no se le consideraba abuso infantil, más bien, era un acto de corrección y disciplina. Bien o mal, era el mecanismo más efectivo para imponer disciplina. Bien dicen que después del gusto viene el disgusto. Ese refrán le iba a mi tía. Ella prefería pedir perdón que pedir permiso. Soñaba con saltar a la fama y ser reconocida por su talento. Creía que podría ser vista por algún cazador de talentos que la llevara a bailar a los mejores programas de televisión con las mejores vedettes de los tiempos. Siempre se esforzaba y danzaba como si se tratase de una competencia. Como si estuviera en el programa *Bailando por un Sueño*. Era fascinante verla. Su rostro reflejaba total alegría. Se sentía en el paraíso. Era plenamente feliz.

Ya adulta mantuvo su chispa y su sonrisa de oreja a oreja. Sin importar los problemas, la corrupción, la inseguridad o la violencia en que se vivía en esos tiempos en la caótica Lima. Ella siempre estaba feliz. "Jodida pero contenta", decía. Ella bailaba hasta cuando lavaba la ropa. Cuando nos visitaba y ayudaba con los quehaceres del hogar, lo hacía moviéndose de un lado a otro. En esos tiempos, las lavadoras no eran comunes ni accesibles. La tarea tenía que hacerse a mano. Los detergentes y jabones tenían muchos químicos fuertes que hacía que las manos terminaran secas y arrugadas. Sin embargo, a mi tía no le importaba. Lavaba por horas y dejaba la ropa impecable, mucho mejor que una máquina industrial. Ahora, yo siendo adulta y teniendo en casa lavadora y secadora, valoro el esfuerzo de las personas que hacen esa labor.

Cada vez que veo eso en televisión, me traslado a esos tiempos en los que mi tía lavaba a mano, mientras movía las caderas al ritmo de una buena salsa o música criolla. Ese simple acto me enseñó que lo que hagas en la vida, por más grande o pequeño que sea, debes hacerlo con orgullo y dar lo mejor de ti. Esa lección la he aplicado en todo ámbito en mi vida personal y profesional. Creo que ella influyó mucho en todo lo que soy. Mientras muchos piensan en su infancia y recuerdan un juguete, viajes familiares o fiestas, yo pienso en mi tía Maricucha moviendo las caderas y restregando la ropa.

Mi tía Maricucha es una persona maravillosa; es de esas personas con las que sabes que te vas a divertir. Espontánea y graciosa. Nunca la vi llorar o renegar. Muchas veces, olvidaba que era mi tía y la sentía más como una de mis amigas. No es una tía tradicional, es una persona tan carismática que le saca conversación a cualquiera.

Recuerdo vivamente cuando mi tía Maricucha nos cuidaba por las noches mientras mis padres se iban a eventos sociales fuera de casa. Mi tía, María Julia y yo solíamos quedarnos hasta tarde viendo películas. En esos tiempos, no había advertencias ni restricciones en los programas televisivos. Pero se sobre entendía que, si el programa era transmitido después de las diez de la noche, el contenido era para adultos y algunos programas, subidos de tono.

Las salidas de mis padres eran, por lo general, los sábados, y ese mismo día transmitían una serie que mi tía amaba. Se llamaba *Lucha Reyes*, en honor a la popular cantante peruana de música criolla. Contaba la biografía de una chica muy humilde de ascendencia afro peruana con muchas carencias, pero con una gran voz, la cual saltó a la fama, a muy temprana edad, pese a los muchos prejuicios y abusos de los que fue víctima. No me llamó mucho la atención al inicio pero luego de ver a mi tía Maricucha tan enganchada en la serie ésta comenzó a intrigarme. Mi tía Maricucha bailaba, cantaba e imitaba, como si estuviera en una audición para ser la próxima Lucha Reyes. De hecho, me entretenía más viéndola a ella que con la serie. Creo que ahí nació mi gusto por la música criolla, un género bastante variado de la costa peruana. Música con muchas mezclas rítmicas. Por supuesto, mi preferencia por las canciones de Lucha Reyes son las canciones corta venas, con letras llenas de vivencias y sentimiento, algo que, en recientes generaciones se ha perdido. Yo agradezco a Dios todos los días por haber nacido donde nací. En la época precisa, pues aprendí a apreciar la buena música.

Otra de las actividades que disfrutaba de niña era ver a mi tío Martín y mi tía Maricucha, junto a las personas que ayudaban en la limpieza. Especialmente, encerar el piso de madera de mi casa. Me gustaba porque llevaban al garaje todos los muebles, mesas y sillas. Yo llamaba a mis amigos para jugar, mientras ellos enceraban el piso a mano. Tengo el vivo recuerdo de mi tío Martín y la persona que nos ayudaba de rodillas con un trapo, esparciendo la cera para sacar brillo a la madera. De la sala al comedor, no dejaban ni un solo espacio sin cubrir. Una vez que cubrían todo, esperaban unas horas para sacar brillo con otro trapo especial. Hacían movimientos circulares con las manos o con los pies para pulir el piso. Esta segunda parte del trabajo le encantaba a mi tía Maricucha, ya que ponían música a todo volumen y mientras movía las caderas, lustraba el piso a su estilo. Durante todas esas horas, yo me divertía con mis vecinos en el garaje. Jugábamos una especie de campeonato de obstáculos, que consistía en saltar de mueble a mueble, incluyendo mesas, sin caernos. Mis amigos y yo esperábamos todos los sábados a las diez de la mañana para unirnos a la aventura de saltar, mientras mis tíos y otras personas sudaban la gota gorda para dejar el piso lo más brillante posible. El piso terminaba como un espejo, sin tener la tecnología de la que gozamos hoy. El encerar a mano, de rodillas, un piso que al día siguiente se iba a ensuciar es una lección de vida que enseña a las personas que por más tediosa que sea la tarea, te paguen o no, es satisfactorio ver el reflejo de tu trabajo en el resultado. Para mí, el piso de mi casa era el más bonito de todo el vecindario y mis tíos se sentían orgullosos del resultado de su arduo trabajo. Tal vez, para muchos sea insignificante pero, a mis diez años, ese acto me dio una de las lecciones más importantes de mi vida. Todo esfuerzo trae su recompensa. No hay mayor satisfacción que terminar algo y sentirte realizado, por más grande o pequeña que sea la labor.

Tuve la dicha de crecer rodeada de personas que me querían mucho y cuidaban de mí cuando mis padres trabajaban. Muchos critican a los padres que tienen vida social y dejan a sus hijos al cuidado de otros. Yo no estoy de acuerdo con esa ideología antigua. Es verdad que todo en exceso es malo pero el balance es necesario. El hecho de que mis padres salieran o hicieran fiestas en casa nunca afectó mi formación ni puso en riesgo mi seguridad.

Mis padres trabajaban de lunes a viernes y en ocasiones, los sábados. En Perú se frecuenta contratar a una empleada doméstica para realizar las labores del hogar. A mí me desagrada mucho el término de "empleada". Prefiero llamarlas personas que nos ayudan con los quehaceres o nanas. Cuando era niña teníamos una nana en el hogar. A pesar de que vivíamos en una zona bastante tranquila, no era costumbre dejar a dos niñas solas en casa. Por eso, mis padres siempre se encargaron de contratar a personas para que nos cuidaran cuando mi tío Martin o mi tía Maricucha no estaban disponibles. Una de ellas fue Esther, una joven de baja estatura, cabello negro, ojos alargados y contextura gruesa. Mi abuela materna la conoció en uno de sus viajes a su natal selva peruana.

Esther quería viajar a Lima para estudiar, trabajar y buscar mejores oportunidades en la capital. Así fue como llegó a mi casa y a mi vida. No recuerdo nuestra primera interacción, pero sí lo mucho que la quería. Ella se encargaba de cocinar todos los días, limpiaba la casa y nos alistaba para ir al colegio. El alistarme para el colegio era una tarea muy complicada, especialmente, porque yo tenía una obsesión con las colas de caballo altas en la cabeza. No toleraba que ni un solo pelo estuviera parado y como no tenía gel, mousse ni otro producto para el cabello, el trabajo que Esther tenía todas las mañanas era casi una pesadi- lla. Si en el espejo notaba algún pelo parado, me mojaba el cabello nuevamente. Si eso no funcionaba, soltaba la cola de caballo y me despeinaba a lo Gloria Trevi (cantante mexicana reconocida por su estilo rebelde y cabellera despeinada). La pobre Esther tenía que volver a peinarme una y otra vez hasta que yo me sintiera a gusto. En el colegio, la cabeza me dolía por la presión que hacía el elástico en mi pelo pero no me importaba. Prefería soportar el dolor que tener un pelo fuera de lugar en mi preciada cola de caballo.

Esther y mi tío Martín trabajaban en equipo; mientras uno cocinaba, el otro limpiaba. Ellos se turnaban para recogernos del colegio, peinarnos, llevarnos al parque y a las prácticas de coro de la iglesia (a las que me metí solo por copiar a unas amigas de mi cuadra). También, nos acompañaba a jugar vóleibol, sobre todo, después de que la selección peruana ganara la medalla de plata en los Juegos Olímpicos de Seúl, 1988, ya que este deporte se volvió popular. Mi tío Martín ayudaba a Esther con las labores para que ella pudiera hacer sus tareas e ir a sus clases en la noche. Eran un verdadero equipo y mi apoyo incondicional. Ambos eran jóvenes y cuidaban a dos niñas exigentes.

Esther era bastante madura pese a ser una adolescente de quince años. Ella sabía hacer todos los quehaceres con excelencia, cocinaba delicioso, nos consentía con nuestros platos favoritos y siempre mantenía la casa limpia y ordenada. Además, se aseguraba de que mi hermana María Julia y yo estuviéramos presentables en todo momento. Pero lo que más admiraba era su afán de superación. Pese a que no tenía a ningún familiar cerca, decidió matricularse en una escuela para terminar su secundaria por las noches. No tenía a nadie que la guiara, pero sí algo que pocas personas tienen, determinación. Trabajaba en mi casa, nos llevaba y recogía de la escuela, nos ayudaba con nuestras tareas y al mismo tiempo hacía las suyas. Para ella no había excusas ni imposibles.

Esther vestía todo el tiempo con una chompa azul, una falda jean a la rodilla y sandalias. Era bastante reservada pero juguetona. La recuerdo jugando siempre con nosotras como si las tres tuviéramos la misma edad. A pesar de que María Julia terminaba peleando o llorando si no hacíamos lo que ella decía. Esther nos tenía mucha paciencia. Nunca nos llamó la atención ni, mucho menos, nos castigó. Era una santa porque nosotras éramos bastante complicadas.

En época de primavera, las escuelas eligen a una reina para recorrer las calles del vecindario. Yo usualmente era elegida por votación de mis compañeros de aula. En una ocasión, me vi obligada a desfilar con mi hermana al lado. Solo porque se puso a llorar por no haber sido elegida reina de su salón. Mis padres para complacerla le compraron una corona y la plantaron a mi lado. Así, en mi carroza íbamos dos reinas. Pese a lo complicadas que fuimos, Esther nunca perdió la calma. Nos cuidaba como si fuéramos sus hijas. Aunque mis papás trabajaban mucho, nunca me afectó, porque me sentía querida y segura gracias al amor y cuidados de Esther.

Uno de esos días de colegio, mientras me dirigía con mi hermana a la puerta de salida, nos encontramos con Marina que venía a recogernos, ella era una vecina muy querida, guapa, de cabello rubio, ojos azules y porte mediano. Era mamá de Marcia y tía de Malucha, dos buenas amigas del colegio. Marina estaba siempre muy presente en las actividades de la escuela. Luego del lamentable fallecimiento de su esposo, muchos miembros de su familia se mudaron a su casa y otros a zonas cercanas para ayudarla con sus hijos y darle apoyo moral. Una muestra clara de amor y vínculo incondicional que solo te puede brindar la familia.

Cuando vi a la señora Marina llegar por nosotras me sorprendió, ya que mi papá no nos había dicho nada acerca de que otra persona nos recogiera del colegio. Su rostro lucía desencajado y pálido. Me tomó de la mano y disimulando una sonrisa, me dijo "tu papi me pidió que las recoja y las lleve a mi casa".

Me pareció bastante inusual. Era la primera vez que una vecina iba por nosotras a la salida del colegio. Por mucho tiempo, Esther fue la única que nos llevaba y recogía. Presentía que algo no estaba bien y sentí la responsabilidad de proteger a mi hermana menor. Me tomó algunos segundos procesar lo que me decía pero, finalmente, opté por irnos con ella. No tenía miedo de que algo pudiera pasarnos porque la señora Marina era muy querida y respetada en el vecindario. Mi preocupación era el no poder hacer las tareas porque sabía que me la pasaría jugando con su hija Marcia y otras amigas en común que vivían al lado de su casa. Desde pequeña, mi mente siempre fue a mil por hora. El rol de ser la hermana mayor y vivir en un país con mucha inseguridad me forzó a analizar los pros y contras de cualquier situación. De camino a la casa de la señora Marina se nos acercó otra vecina, la señora Marcela. Ella también llevaba un semblante pálido como si acabara de ver un muerto. Ambas se miraron y la señora Marina interrumpió el silencio con un "yo las llevo a mi casa". Ahí supe que algo pasaba. Lo primero que se me ocurrió fue que mi casa se había incendiado. Pensaba que, de ser cierto, mis padres podrían comprar otra y listo, problema resuelto. No había nada de qué preocuparse. Yo era una niña, así que mi ingenuidad me hizo llegar a esa conclusión.

La señora Marina vivía al lado de la escuela, así que llegamos bastante rápido y comenzamos a jugar con el sobrino quien también era nuestro compañero de clase. 'Kingo', como le decíamos, era una bala. Siempre le caía un reglazo o correazo por sus constantes travesuras. Para ese entonces, los castigos físicos por parte de los maestros, no eran considerados abuso, sino actos de corrección y disciplina.

Recuerdo que reímos durante horas, nos divertimos mucho ese día. En esos tiempos, los video juegos no eran populares y no existían los celulares. Nos entreteníamos jugando a las escondidas, a las chapadas (*tag game*, en inglés) y kiwi, un juego que consistía en poner las chapas de la botella una encima de otra, dentro de un cuadrado. Se formaba una pirámide y se armaban dos equipos. El reto era derrumbar la torre de chapas con una pelota y ponerlas en cada extremo del cuadrado mientras los niños del equipo opuesto con la pelota lo impedían. Suena complicado pero es muy fácil y divertido. Yo recolectaba mis chapitas en las fiestas que hacían mis padres. Eran tiempos muy entretenidos y sanos. No había malicia ni adicciones, al menos nunca lo presencie.

No recuerdo bien en qué momento me recogió mi papá ni mucho menos lo que nos dijo en el camino. Solo sé que estuve muchas horas en la casa de la señora Marina. Ese momento de mi vida es bastante confuso. No tengo las memorias claras y lo prefiero así. Mi padre nos llevó a una casa grande y muy bonita. Tenía un jardín inmenso con flores y plantas de todos los colores. Las puertas eran de tono anaranjado con diseños europeos de vidrio y permitían apreciar la maravillosa vista de los alrededores. Era impecable y estaba totalmente amueblada. Parecía un sueño, pero yo no podía evitar estar preocupada porque no sabía cuándo iba a volver al colegio. Además, ¿cómo íbamos a ponernos al día con los trabajos del colegio mi hermana y yo, si estábamos tan lejos? Muchas cosas pasaron por mi mente lo cual me causaba mucha ansiedad, eso es algo que hasta el día de hoy me sucede constantemente.

La casa a la que fuimos era del señor Guise, un buen amigo de mi padre con quien administraba su compañía. Usualmente la usaba en vacaciones, pero en esa oportunidad nos permitió hospedarnos ahí. Había un jardinero y una señora que se encargaba de la limpieza. Mi hermana y yo crecimos con varias personas que ayudaban con los quehaceres del hogar, así que no se me hizo incómoda la convivencia. Es más, me gustaba conocer sus historias, jugar y aprender de ellos. Todos los que han tenido nanas saben que cada una tiene una historia muy especial para contar. La mayoría llega a Lima proveniente de pueblos lejanos, con la ilusión de probar suerte. En Estados Unidos dirían "en busca del sueño americano". Es lo mismo en mi país, pero en versión peruana, de provincias a la capital. A mí me daba curiosidad saber por qué dejaban a sus familias a muy temprana edad y qué planes tenían para sus vidas. Con la señora de esa casa no fue la excepción. Me contó que trabajaba en esa casa y en otras propiedades del dueño hacía ya varios años. "¿Y cuáles son tus metas a futuro?", curiosamente le pregunté. Ella, bastante mayorcita ya, solo se rio y me preguntó si tenía hambre. No todas las nanas eran tan cariñosas y buenas como Esther, así que le hice caso y di por olvidada mi interrogante.

A pesar de que era una casa hermosa, estaba totalmente aislada. No habían vecinos, ni habían ruidos. Mis días allá fueron bastante aburridos y silenciosos. Mi hermana y yo no fuimos al colegio durante nuestra estadía y no recuerdo pasar tiempo con mis padres. Ellos llegaban a dormir muy tarde y se iban muy temprano. Yo trataba de distraerme jugando con mi hermana, pero bajo sus condiciones para evitar que hiciera berrinche. Por alguna razón, tenía la sensación de que algo no estaba bien. Sentía una constante angustia en el pecho. Me imaginé de todo y viví muchos días de angustias. Las pocas veces que vi a mis papás, noté que ellos tampoco estaban bien. Jamás les pregunté, pero sabía que algo había sucedido y que no sabían cómo decirlo. Lo presentía porque siempre fui muy observadora. Sé descifrar a las personas a través de sus gestos o acciones, pero prefería hacer como si nada hubiese pasado, para no agregar dolor a lo que fuese que estaban atravesando. Aunque los días pasaban en una rutina interminable y con una preocupación que aumentaba dentro de mí, procuré no perturbarme con lo que hubiera sucedido. La incógnita era constante. Hasta que, por fin, el día llegó. Empacamos nuestras cosas, subimos al coche de mi papá y nos dirigimos a nuestra casa. En el camino, nadie dijo una sola palabra. Yo sentía que mis padres se preparaban mentalmente para algo. Decidí distraerme, contando los árboles que veía. No recuerdo cuántos fueron, pero sí mi sorpresa al llegar y ver que mi casa estaba intacta. Igual de grande, igual de bonita. Las puertas de vidrio con detalles coloniales, la cocina larguísima, la lavandería, los dormitorios, la sala, el comedor y el cuarto de juego. Todo estaba en su lugar, sin embargo, había algo distinto, el ambiente se sentía pesado y podía ver las caras largas de quienes estaban allí.

Mi papá en su previo compromiso matrimonial tuvo dos hijos. Una de ellas fue Marisela, psicóloga de profesión. Marisela nos estaba esperando junto a mi tío Martin en la casa. Cuando intenté ir a mi habitación para dejar mis maletas, mi papá me detuvo y me pidió ir a la suya para conversar. Eso me aterró. Cada vez sentía más real el hecho de que algo terrible había pasado, pero no sabía qué era y el suspenso me agobiaba. Le hice caso y junto a María Julia llegamos al dormitorio de mis padres. Mi hermana Marisela se sentó en la cama y nos pidió que nos acercáramos a ella. Nos sentamos a su lado y ella comenzó a hablar:

"Posiblemente están confundidas y tienen muchas preguntas. ¿Cómo se sienten?"

En ese momento me pareció que la pregunta era irrelevante. ¿A quién le interesaba cómo nos sentíamos? Estábamos vivas y sanas, y eso era lo importante. Claro, eso pensaba en ese momento. Ahora lo comprendo y le agradezco el preocuparse por nuestro bienestar. En la psicología es claro que antes de dar una noticia trágica, se debe determinar el estado emocional de las personas. Ambas le contestamos. Yo le conté la angustia y desesperación que sentía.

"Hubo una inundación, por una tubería dañada", nos contó Marisela. "En su afán de controlar la fuga de agua, Esther se resbaló y lamentablemente, falleció".

Sentí cómo mi rostro se paralizaba. No sabía si reír o llorar. No sabía si era cierto o alguna broma de mal gusto. Me parecía absurdo lo que nos decía. María Julia no reaccionó. No sé si porque no entendió o porque era muy pequeña para procesarlo. A mí, en cambio, me dio la 'garrotera', un extraño mal del personaje principal del Chavo de 8, en el que su cuerpo se dobla y queda paralizado hasta que alguien le tira agua fría. Así me quedé yo, sin exagerar. Pero no le creía. Sentía que me mentía, aunque no recuerdo si se lo dije. Marisela me pidió que me quede en el cuarto, mientras mi papá y María Julia se dirigieron a la sala. Cuando pude moverme, me puse de pie frente a ella y la miré fijamente. Recién ahí me contó la verdad, a Esther la mataron. Quisieron entrar a robar a la casa y luego secuestrarnos, a María Julia y a mí, al salir del colegio. Ella se opuso y lo pagó con su vida.

No puedo explicar lo que sentí en ese momento. El dolor y el impacto, a mi corta edad, fueron devastadores. Mi amiga, mi madre, mi compañera, la única que soportaba mi exigencias y berrinches, la que me complacía en absolutamente todo lo que le pedía, dejó de existir a los diecisiete años. No sabía si era peor no saber lo que pasaba o imaginarme todo lo que sufrió en sus últimos minutos de vida. Al notar mi estado de 'shock', Marisela me sugirió que llore y desahogue. Me quebré y lloré con rabia, de dolor, odio, e impotencia. Tenía muchas emociones. Lloré como una bebé. Mi hermana me abrazó y me reconfortó. Yo sentía que me quería morir.

Ese fue uno de los momentos más difíciles de mi vida y marcó el inicio del declive de mi familia. Luego de desahogar el dolor que me agobiaba, caminamos a una tienda cercana. Mi papá cargaba a María Julia y yo caminaba detrás de ellos, sosteniendo la mano de mi tío Martín. No hablé en todo el trayecto. Tenía los ojos hinchados y sentía el cuerpo adormecido por el dolor. La dueña de la tienda nos atendió con mucha empatía, pues sabía lo que había pasado. Compramos unos dulces y volvimos a casa. Lo que sucedió después se borró de mi mente. Los días siguientes transcurrieron rápidamente, como si hubieran apretado el botón de acelerar. Mis padres casi ni hablaban. Yo pasaba el día viendo la televisión. No quería jugar ni ver a nadie. No tenía ganas ni de abrirle la puerta a mis amigas que iban a buscarme. Mi tío nos atendía, cocinaba y cuidaba, pero no hablaba del tema. Para él era igual de doloroso y necesitaba tiempo para procesar la pérdida, pues ellos tenían una relación de hermanos. Para mí fue una verdadera bendición tenerlos en mi vida, pues me permitió crecer con personas como ellos, que me cuidaron y me protegieron. Me dieron mucho amor sin tener ninguna relación directa conmigo. Siempre me sentí querida. Tuve el amor de padres por partida doble, ¿qué más le podía pedir a la vida?

Capítulo Dos

LAS APARIENCIAS

Algunos días después de la tragedia, escuché a mi mamá hablando por teléfono. Las malas noticias seguían. A mi abuelita le afectó tanto la noticia de la muerte de Esther que le dio parálisis por hemiplejia. La mitad de su cuerpo se paralizó incluyendo su cara. Esa condición implica pérdida del movimiento voluntario de los músculos. Puede durar semanas o meses y la recuperación es con medicamentos y terapias físicas. Lamentablemente, es algo común en mi familia.

Mis tías que vivían en Estados Unidos se encargaron de los cuidados de mi abuelita y su estado fue bastante delicado. No tuve la oportunidad de hablar con ella durante ese tiempo. Al ser hermana mayor sentía la responsabilidad de estar informada acerca de lo que pasaba para apoyar a mis padres o para anticipar los cambios que se aproximaban. Necesitaba procesar las noticias para preparar a María Julia ante posibles cambios en el hogar. Por eso, escuchaba las conversaciones detrás de la puerta o me hacía la dormida para engañar a mis padres mientras dialogaban, muy discretamente para que nadie se enterara. De esa forma, pude estar al tanto de la recuperación de mi abuela y fui enterándome de más y más detalles relacionados a la muerte de Esther.

Durante varios meses, tuvimos múltiples visitas de familiares y personas desconocidas que, posiblemente, eran investigadores del caso. Mi curiosidad por saberlo todo me llevó a conocer detalles, información que me causó mucho dolor. Tuve que llorar en silencio por mucho tiempo. Cada vez que me enteraba de algo nuevo, lloraba. Cuando intentaba llevar la vida normal de una niña de diez años, recordaba todo y volvía a llorar. Así estuve por muchos meses, tratando de entender el porqué. Sentía confusión por el nivel de crueldad que existía en el mundo. También sentía remordimiento por no haber valorado a Esther en vida, por haber sido una niña engreída, malcriada, no haberla abrazado lo suficiente y no decirle haberle dicho lo mucho que la quería. En ocasiones, sigue siendo algo que me quita el sueño.

Aunque mis padres pensaban que nosotras creímos la historia del resbalón, durante esas semanas de silencioso caos en casa me enteré de cómo realmente pasó todo. Resulta que Esther se alistaba para recogernos del colegio cuando unos individuos tocaron la puerta. Ella los dejó entrar sin forcejeo. Por eso, se sobreentendía que Esther los conocía. Una vez dentro, empezaron a sustraer artículos de valor, como electrodomésticos, adornos, dinero y joyas. No sé si, durante ese rato, Esther estuvo atada o inmóvil. Tal vez intentó impedir el robo. No lo sé ni creo que la policía haya podido descifrarlo con exactitud. Supongo que para ella esos minutos fueron eternos y llenos de terror. No quiero ni imaginar qué habrá pasado por la mente de Esther y lo atemorizada que se sintió.

Los sujetos se dirigieron a Esther para que los llevara a recogernos a la salida del colegio. Al menos esa es la hipótesis del reporte policial. La meta de los criminales era secuestrarnos para extorsionar a nuestros padres y sacarles más dinero del que ya habían robado. Esther, aparentemente, se rehusó y ellos procedieron a torturarla hasta que, al ver que no cedía, la mataron salvajemente con más de veinte cuchilladas y dejaron su cuerpo sin vida en la cama. Ese acto de asesinar y dejar el cadáver sobre una cama, suele ser un indicativo de que el criminal conocía a la víctima. En mi primer año de universidad, llevé clases de criminología y me llamó la atención cómo ciertos asesinos se toman el tiempo de colocar los cuerpos de forma muy peculiar: acomodan las prendas de vestir, ponen mantas o los ubican como si estuviesen durmiendo. A mi pobre Esther la dejaron desangrada, torturada y sin vida en su pequeña cama. Así fue la corta vida de una chica que dejó su linda selva y migró a la capital para lograr sus sueños, siendo esta la peor decisión de su vida y sentencia de muerte.

Mientras trataba de entender por qué había pasado todo, me enteré de que meses antes a la tragedia, mis padres llevaban tiempo facilitando dinero a un conocido que estaba involucrado en un problema con drogas. No sabía quién era ni mucho menos su nombre. Llegaba frecuentemente a la casa a pedir dinero. En Perú, la gente se entera muy rápido de todo. Si no es por las vecinas chismosas del vecindario, es por simple observación. Por ejemplo, a mi casa todo el tiempo llegaban colegas de mi padre en autos muy vistosos, y ni hablar de las fiestas que organizaban. Deleitaban a los invitados con comida de primera, como la famosa parrillada alemana. La cual era a base de una carne sumamente costosa y deliciosa, *kotelett*, que es una chuleta de cerdo marinada, al igual que el chorizo y salchichas que mi papá compraba en carnicerías especiales a casi una hora de distancia de donde vivíamos, acompañada con una crema picante hecha con culantro, queso y condimentos peruanos con papa para darle un toque tradicional. Todo eso llamaba mucho la atención y fue un tema con el cual mis padres no tuvieron el cuidado necesario, especialmente en un país latinoamericano en el que el índice de crimen es sumamente alto.

Este conocido veía a mi familia como un cajero personal para saciar su vicio. No sé con exactitud, por qué o por cuánto tiempo mis padres le brindaron dinero. Supongo que por dar una mano y exhibir su bondad, pero llegó el día en el que le dijeron "no más". Él continuó acosándolos por meses y, al ver que sus esfuerzos eran en vano, por fin paró. Sin embargo, este individuo fue una persona de interés en la investigación del asesinato de Esther. Para muchos de mis familiares, él era el autor del atroz crimen. Pues él conocía la casa, los horarios de Esther y muchos detalles más. En nuestro entorno, mi hermana y yo jamás estuvimos expuestas a las drogas. Todos nuestros amigos eran chicos sanos y deportistas. Pero el vivir en un sitio seguro no nos salvó de ser blanco de la desgracia.

¿Quién diablos era ese conocido? Yo no recuerdo nunca haberlo visto. Mis padres nunca le permitieron acercarse a nosotras al saber que era una persona de cuidado.

Al ser sospechoso, ese conocido volvió a acosar, chantajear y amenazar a mis padres para que desistieran y no colaboraran con la investigación. De lo contrario, las consecuencias serían alarmantes. Mis padres totalmente alarmados con lo que este individuo podría hacer decidieron frenar la investigación. Este conocido no fue juzgado ni pagó por lo que hizo. Nunca se hizo justicia y la muerte de Esther quedó impune.

Mientras mis padres trataban de normalizar sus vidas volviendo al trabajo y a sus reuniones sociales, yo hice lo mismo. Regresé al colegio y retomé mis actividades cotidianas como jugar con mis amigos. Por alguna extraña razón, ninguno me habló ni me preguntó del tema. Esto, me sorprendió, pues eran muy curiosos. Intuyo que mi tío Martín les advirtió que no me mencionaran nada al respecto. Él conocía a todo el vecindario. Al ser joven, tenía una confianza y química especial con los 'chibolos' (niños y adolescentes). Todos lo querían y lo respetaban. Agradezco a mi tío por evitar el que me recordaran ese episodio tan doloroso para mí y por darle un poco de normalidad a mi vida.

Los días transcurrieron y aunque todo parecía volver a ser como antes, mi tío supervisaba, constantemente, todo lo que hacía mientras jugaba con mis amigos, lo cual me causaba vergüenza. Me imagino que lo hacía para cuidarnos en caso de que este conocido decidiera hacernos daño. Sentía que no tenía privacidad, sobre todo, cuando llegaba Sandro, para mí era el niño más guapo de todo el colegio. Sandro tenía catorce años, aproximadamente. Era alto, delgado, tez trigueña y ojos pardos que cautivaban. Cada vez que lo veía, sentía mariposas en el estómago. Sandro vivía aproximadamente a tres cuadras de mi casa, pero nos dividía la calle principal, así que frecuentaba muy poco mi vecindario. Para mi mala suerte, cada vez que lo hacía, era cuando terminaba de jugar y estaba hecha un desastre, como la Chimoltrufia, famoso personaje del Chavo del 8. Así terminaba yo, descuidada, despeinada y bastante desarreglada, después de cualquier juego que implicara correr, ensuciarse y caerse.

Mi tío constantemente me espantaba a los galanes en su intento por cuidarme. Por eso, decidí dedicarme a jugar y socializar pues no veía buen futuro en mi vida amorosa. Como la mayoría de mis amigos eran hombres, los juegos eran bastantes bruscos y era normal que terminara con raspones en las rodillas y los codos. Nunca lloraba porque temía que me sacaran del grupo y no me invitaran más por llorona. Siempre he tenido mucho orgullo desde muy pequeña. No me gustaba que me trataran diferente por ser mujer o por ser de baja estatura. Siempre quise competir al mismo nivel que todos, sin ningún tipo de distinción. Es una cualidad que me ayudó a esforzarme, trabajar duro y dar todo mi potencial, sin ninguna ventaja o privilegio. Yo tengo la misma capacidad que cualquier otra persona.

Entre las muchas cosas que exploraba como entretenimiento, me cautivaron mucho los espectáculos de lucha libre. Había un programa de moda que se llamaba *Glow*, en el que mujeres pretendían pelear. Además, se aventaban de un extremo a otro. Mi hermana y yo queríamos ser como ellas y simulábamos una lucha libre. Lo hacíamos por horas, hasta que el cuerpo no daba más. A veces, mi tío Martín o mis padres intervenían para separarnos. Para mí, ellos eran los jueces y nos entreteníamos mucho simulando ser grandes luchadoras de *Glow*.

Todo parecía regresar a la normalidad, pero yo recordaba a Esther constantemente. Lloraba todas las noches antes de dormir en el mismo cuarto en el que la asesinaron. Nunca tuve miedo, sino todo lo contrario. De cierta forma me sentía más cerca de ella. Era como si, desde donde estuviera, me siguiese cuidando.

Con el tiempo, empecé a notar un cambio en la relación de mis padres. Discutían más de lo normal. Casi siempre, las discusiones eran por dinero. Mi madre constantemente organizaba fiestas en casa. Una de esas veces fue en mi cumpleaños. Día que no pasaba desapercibido y era motivo para tirar la casa por la ventana. Como era costumbre, yo esperaba que me compraran ropa para estrenar en una ocasión tan importante como mi cumpleaños. Me acerqué a mi mamá al ver que nadie me pedía que me alistara para ir a las tiendas mientras conversaba con una vecina que era su amiga.

"¿A qué hora vamos a comprar mi vestido y zapatos?", le pregunté a mi madre.

"Claudita, tu mami no te va a poder comprar un vestido. Tú tienes mucha ropa bonita. Busca en el armario y arréglate, que ya llegan los invitados", interrumpió la vecina metiche a mi conversación con mi madre.

Sentí como si hubiese recibido una bofetada. Mis padres me acostumbraron a estrenar ropa nueva para cada evento y sentía que era una tradición que me hacía muy feliz. Al escuchar el desagradable comentario de la vecina y ver que mi madre no hizo nada, contesté muy dolida: "Ya no quiero fiesta, ¡no quiero que venga nadie!". Grité y salí corriendo, llorando a mi cuarto. De la frustración y rabia que sentía, tiré al piso toda la ropa que tenía en mi armario. Mi tío Martín llegó a mi rescate, me abrazó y empezó a hablarme: "Claudita, tienes que entender que tus papitos esta vez no pueden comprarte ropa para tu fiesta. Si yo pudiera, lo haría, pero tampoco tengo la posibilidad".

En ese momento, mientras él seguía explicando, mi mente se bloqueó y sentí ganas de botar a todos de mi casa. Mi berrinche fue el inicio de todo lo que vendría más adelante para mí.

Después de llorar al punto de que mis ojos se hincharon como si hubiese perdido una pelea de box, opté por expresar mi dolor de una forma que todos notaran. Mi objetivo era avergonzar a mi mamá por no comprarme nada, poniéndome el vestido más feo que encontré. Parecía un trapeador y lo recuerdo claramente. El vestido que elegí era blanco de la cintura para arriba y azul de la cintura hacia abajo. Un material parecido a la seda, pero totalmente percudido y encogido, por tantas lavadas.

En Perú es muy fácil realizar una fiesta. Muchas veces, se organizan el mismo día. No necesitas días o meses de planificación, sino que en cuestión de horas puedes conseguir la comida y la decoración. Los invitados siempre sobran. La gente escucha que hay una fiesta y llega en grupo a tu casa, muchas veces, sin previo aviso. El sello característico de los latinoamericanos se destaca en el compartir la alegría y celebrar cualquier ocasión. No necesitamos mucha planificación para pasar un buen rato. Cuando nos dicen "fiesta", como dice el famoso cantante puertorriqueño Marc Anthony, "Pa'lla voy".

La celebración comenzó y yo esperaba pacientemente para salir de mi cuarto. Deseaba tener mis cinco segundos de fama avergonzando a mi mamá con mi vestido que parecía un trapeador de piso. Sin embargo, nadie fue a buscarme o a consolarme. Todos estaban ocupados cocinando, decorando o limpiando la casa para recibir a los invitados. Yo era la última rueda del coche. A veces, pienso que a mi mamá le gustaban tanto las fiestas, que celebrar mi cumpleaños era una ocasión más para ella que para mí. En mi casa, se celebraba absolutamente todo y se tiraba la casa por la ventana. La verdad, mi mamá organizaba tantas fiestas que yo crecí pensando que era parte de mi rutina semanal. Viernes o sábados había parranda segura.

Ese día, mientras los invitados iban llegando, yo los miraba por la esquina de mi ventana. Mi dormitorio daba precisamente a la entrada principal de mi casa. Así que yo contaba cuántas personas entraban, una por una. De cierta forma, ese ejercicio mental me sirvió para distraerme del dolor que sentía por no tener un vestido nuevo. Las personas que normalmente me consolaban, como tío Martín o mi papá, me dejaron sola en mi cuarto. Lloré desconsoladamente y nadie recordó que yo era la cumpleañera. Eso me causó mucha más rabia. Así que, finalmente, me llené de valor para salir de mi dormitorio luciendo como la Chimoltrufia.

En la sala estaban mis amigas con sus padres. En Perú es común que, cuando invitas a una persona a una fiesta, llegue acompañada de toda su familia. Llegué a la sala y me acerqué a cada invitado para saludar con beso en la mejilla, agradecer su asistencia y recibir mi obsequio. Para mi sorpresa, nadie comentaba nada acerca de cómo me veía, eso me pareció extraño. Volví a mi dormitorio con todos los regalos para abrirlos cuando todos se fueran y me sentí confundida. No sabía qué hacer. Mi plan no estaba funcionando. Tenía que pensar rápidamente en la forma de llamar la atención y arruinar la fiesta. No me interesaba si todos se iban. Yo estaba muy enojada y no me daba la gana de disimular mi coraje. Me despeiné y salí nuevamente de mi dormitorio. El escuchar sus carcajadas hizo que me hierva más la sangre. Al ver que nadie reaccionaba, me dirigí a la amiga metiche de mi mamá. "Mira lo que tengo puesto", le dije. Me miró con sus ojos verdes penetrantes y me respondió: "Claudita, te pasaste. ¡Qué feo el vestido que te has puesto! Ahora le voy a decir a tu mamá". En ese momento, sentí que todo el esfuerzo valió la pena. Con rostro de niña satisfecha, como cuando tienes un antojo y lo consigues, me senté al lado de los invitados, como si nada pasara. Ahora solo faltaba que mi mamá se entere y me vea, pero grande fue mi sorpresa al ver que la amiga de mi madre se fue a bailar con uno de mis tíos, en lugar de hacer lo que me dijo que haría. Bastante irritada y con muy poca paciencia restante, decidí ir personalmente hacia donde estaba mi madre. La busqué por toda la casa. Era difícil saber dónde encontrarla, pues los invitados se distribuían por distintas zonas de la casa. Los que querían escuchar música y bailar, estaban en la sala. Los que tenían hambre y no podían esperar a la hora de la cena, estaban en el cuarto de juego, que se transformaba en ambiente de banquete con piqueos y dulces. Los fumadores, se congregaban en el patio. Quienes querían copiar las recetas de mi padre, estaban en la cocina. La busqué por cada rincón, hasta que, finalmente, la encontré. La noté bastante alegre y con unos tragos encima.

"Mami, mira lo que tengo puesto", le dije, mientras notaba la confusión en su rostro, no sé si por el alcohol o por lo mal que me veía.

"Claudia, por favor, vete a bailar con tus amigas. No veo nada de malo con tu vestido. Agradece que estamos celebrando tu cumpleaños", me respondió mi madre.

¡No lo podía creer! Me había esmerado tanto en arruinar la fiesta para nada. La gente se sentía muy bien en mi cumpleaños. Mientras yo, la cumpleañera, pasaba por desapercibida. En otras palabras, todos fueron a divertirse y a comer bien, sin importarles, poco o nada, cómo me sintiera. Corrí a mi dormitorio y volví a llorar desconsoladamente. No quería ver a nadie. Varios minutos después, ya desahogada de toda mi frustración, me cansé, me lavé la cara y me cambié. Aprendí que tenía dos opciones: me quedaba llorando hasta dormir o me unía a la fiesta. Opté por la segunda. Decidí unirme al resto y disfrutar al igual que todos los que estaban ahí.

Como toda reunión en mi casa, esa también terminó a altas horas de la madrugada y, al igual que en otras ocasiones, las personas que no podían manejar o caminar por su estado de ebriedad, se quedaron a dormir. Fue recién días después que pude reflexionar sobre lo que había pasado. Mis padres atravesaban un momento económico bastante complicado. El no poder comprarme un vestido fue señal de que algo andaba mal. Se preguntarán, si no tenían dinero para mi gustito, ¿cómo tenían para una fiesta? La respuesta es sencilla. En Perú, hay un dicho que dice "jodido, pero contento", ese era el lema de mis padres. Creo que mi madre sabía que la situación podía empeorar pero se aferraba a que era una mala racha. Algo temporal y sus vidas volverían a la normalidad. Ella necesitaba sentir que tenía todo bajo control. Tal vez, buscaba divertirse para distraer su mente y no pensar en los serios problemas financieros que atravesaban. Así como hay fumadores, alcohólicos y drogadictos que utilizan sus vicios como escapes para huir de la realidad. Creo que ese mismo mecanismo usaba mi mamá para no tener que lidiar con sus problemas económicos.

Si yo sentía necesidad de compartir alguna inquietud o drama, frecuentemente, acudía a mi tío Martín ya que siempre estaba en casa, las veinticuatro horas al día, los siete días de la semana. También porque mi tío tenía mucha experiencia tanto en temas sentimentales como en tonterías de adolescentes. El vivir en la calle le hizo aprender muchas cosas que para mí eran únicas. Él tenía experiencia y Dios lo puso en mi camino con ese propósito, para que me prepare a manejar situaciones complejas y estar siempre alerta a lo que pueda pasar. Puedes crecer en sitios exclusivos y codearte con gente de buen estatus social, incluso, acceder a buena educación en colegios privados, pero eres igual de vulnerable a la criminalidad o accidentes que cualquier otra persona.

Mi tío me empoderó a muy temprana edad a ser capaz de enfrentar los peligros de la vida. Aunque, casi nunca andaba sola por la calle, cuando lo hacía iba mirando a todos lados. Mi Tío Martin me enseñó a girar el rostro ligera y sutilmente hacia la izquierda y la derecha, para visualizar a las personas que venían detrás. Si no había más gente cerca, me metía a alguna tienda o me paraba a un lado de la calle, como si estuviera esperando a alguien, y dejaba que la persona pase delante de mí. Eso y mucho más aprendí con mi tío Martín porque él vivió los peligros de la calle en carne propia. Aunque no hay una fórmula exacta para criar a nuestros hijos, porque los errores son parte de la vida y del aprendizaje, lo que podemos hacer es equiparlos con conocimiento. Especialmente, para que el día que no estés, ellos puedan defenderse y afrontar los golpes de la vida con inteligencia y valentía.

Capítulo Tres

ENSEÑANZAS DE MI NIÑEZ

La situación económica de mis padres empeoraba. Las discusiones eran más frecuentes y aumentaban en intensidad. No había forma de ignorarlas. Mi tío Martín, en un intento por aparentar que no pasaba nada nos llamaba (durante esos momentos de tensión), para ver El Chavo del 8, su programa favorito y subía el volumen del televisor para que no escucháramos las peleas entre mis padres, pero yo igual tenía los sentidos bien activos. Escuchaba lo que decían a la misma vez que veía la televisión. Mi remedio y terapia era ver El Chavo, en medio del caos que reinaba en mi hogar.

En esa época, los apagones eran frecuentes a causa del terrorismo que se vivía en el país. Los terroristas usaban explosivos para matar gente y volar torres de electricidad, entre otras atrocidades. En las noches de apagón, mi hermana y yo salíamos a jugar con los niños del vecindario. Para ese entonces, los teléfonos móviles no eran populares ni los entretenimientos electrónicos pero igual si hubiesen estado de moda, no lo hubiéramos podido usar, por la falta de electricidad.

Se nos hacía súper divertido jugar en la oscuridad, sobre todo, a las escondidas. Una de esas noches, vimos a unas niñas del vecindario patinando en la acera. Quedamos fascinadas con los patines. Estos patines eran los nuevos estilos de patín de color morado y líneas rosadas alrededor. Cuando patinaban, las ruedas brillaban estilo discoteca que se llevaba la mirada de todos en el vecindario. De hecho, fue la primera vez que vi a alguien patinar en el vecindario. Para mí, fue toda una novedad. Nos sentamos en la orilla de la acera y nos quedamos mirando a las niñas, casi hipnotizadas. Nos olvidamos completamente de jugar hasta que vimos a nuestros padres llegar del trabajo en su coche, un escarabajo (bettle en inglés) Volkswagen blanco, con una franja azul en la parte de abajo del vehículo.

Era un auto pequeño que estaba de moda en esos tiempos. Mi tío Martín abrió el garaje y mi hermana y yo corrimos hacia mi papá con mucha emoción para contarle acerca de los patines. Aunque María Julia y yo teníamos diferentes personalidades, irónicamente teníamos los mismos gustos en ropa, comida y otras cosas. Realmente no sabía si estábamos conectadas o ella se copiaba de todo lo que yo quería. Sin embargo, en esta ocasión no me importó. Pues necesitaba su apoyo para convencer a mi padre de que nos comprara los patines. No había ni bajado del coche cuando ambas comenzamos a hablarle de nuestra nueva obsesión. Le contábamos lo lindos que eran y le dijimos lo mucho que queríamos tener los mismos patines que las niñas del vecindario disfrutaban.

Ahora que soy madre, me da mucha pena lo poco comprensiva que fui con mis padres. Yo vivía en una burbuja fantasiosa. Yo no tenía idea de lo que era vivir económicamente limitada. Mi padre, como siempre consentidor, nos prometió que nos compraría los patines. Gritamos y saltamos de alegría.

Desde entonces, se volvió una rutina el aguardar a que sean las siete de la noche para que mis padres regresaran del trabajo el cual quedaba a cuarenta minutos de mi casa. Pasaron varias semanas en las que, religiosamente, esperábamos para ver si tenían los patines. Hasta que un día mi papá llegó con una bolsa oscura. Mi intuición me decía que era lo que tanto queríamos pero no estaba segura porque no tenía una caja como cualquier otro par de zapatos que compras en una tienda. Como era costumbre, nos saludó con un fuerte abrazo y beso en la mejilla y nos entregó la bolsa. Al recibirla, la sentí bastante pesada. Mi hermana la abrió y sacó lo que parecía un patín blanco con pequeñas ruedas amarillas. Para nuestra sorpresa, era evidente que no era nuevo, sino más bien gastado. Un modelo cuatro ruedas antiguo y feo. María Julia me miró, como en estado de shock. Sentía que me quería decir algo, pero no hablaba. Estuvo así durante varios segundos. No sé si tenía ganas de llorar o simplemente no podía creer que nos había traído un patín usado y viejo. Para agregar la cereza al pastel, era solo uno. Ni siquiera era un par de patines, sino un solo patín. Tal vez era una broma y los verdaderos estaban en la maletera del coche o se lo encontró tirado en la calle, pero yo esperaba que luego nos comprara unos nuevos. Pensé que era el patín que él usaba cuando era niño y lo recogió de la casa de mi abuelita para tenerlo de recuerdo. Me planteé todas esas hipótesis que justificaban que nos llevara solo un patín. Confiada en que todo tenía una explicación, lo tomé en mis manos y corrí hacia mi padre.

"Papi, ¿es este patín el que usabas cuando eras niño?", le pregunté.

"No, ese patín es muy especial porque era de tu hermana Marisela cuando era pequeña, y ahora es para ustedes", me contestó mi padre.

Como niña engreída y demandante que era, me dio ganas de aventarlo a la calle para que un coche le pase encima y lo destruya. ¿Cómo era posible que mi papá siquiera pensara que nos íbamos a poner ese patín horroroso que parecía un ladrillo? ¡Para colmo, era solo uno! No permitiría que nadie de mi vecindario lo vea. Sería el fin de mi reputación y me convertiría en el hazmerreír de todos mis amigos. Como de costumbre, cuando las cosas no salían como yo quería, corrí a encerrarme a mi cuarto a llorar hasta que alguien fuera a consolarme.

Mi padre, al ver que no estaba en la mesa cenando como de costumbre, se acercó a mi dormitorio para saber lo que pasaba. Yo lo miré con los ojos hinchados de tanto llorar y le pregunté dónde estaban los patines que le había pedido. "Ese patín es de Marisela y está en muy buen estado. Tú y tu hermana pueden compartirlo hasta que encontremos el otro par", dijo. Yo me quedé callada. "Hija, en estos momentos no te puedo comprar lo que quieres pero te prometo que, apenas pueda, lo haré", agregó. En mi mente limitada y poco empática, sus promesas no significaron nada. Yo quería un par de patines nuevos y él me había confirmado que no los compraría.

En ese momento, estaba tan molesta que decidí no volver a salir a jugar. Me encerré en casa durante varias semanas y solo me dediqué a mirar por la ventana a mis amigos. Ellos me tocaban el timbre para jugar, pero yo mandaba a mi hermana a decirles que no me molestaran. Felizmente, el resentimiento pasó rápido. Es una de las bendiciones de ser niño: las emociones suelen ser temporales y no se guarda odio ni rencor de por vida, a diferencia de los adultos. Así, al pasar el tiempo, se me hizo difícil continuar con la amargura que a fin de cuentas me castigaba a mí misma. Además, en la casa a nadie le importaba. Incluso, pensé en hacer una huelga de hambre, algo que era muy común en mi país cuando se protestaba por algo, pero desistí porque me picaban los pies por salir. Sobre todo, cuando veía desde mi ventana cómo se divertían mis amigos, mientras yo, estaba como tonta metida en mi cuarto para que mi familia me vea sufrir. Además de caprichosa, era dramática. Al ver que el dramatismo no me llevaba a ningún lado, decidí salir de casa. No recuerdo que alguien me preguntara por qué estuve encerrada tanto tiempo. Al parecer, ni siquiera mis amigos lo habían notado, así que me dije a mí misma que no volvería a autocastigarme de esa forma. Usaría otros métodos para la próxima vez.

Al volver a la calle, noté que eran más los niños de mi vecindario que tenían patines. No todos eran tan modernos y llamativos como los que María Julia y yo queríamos, pero eran patines. Esa situación hizo que, poco después, en una noche de apagón, aprovechara la oscuridad para tomar el valor de sacar el patín viejo y despintado, ponerlo en mi pie derecho e intentar patinar en la vereda, muy silenciosamente, para pasar desapercibida. Mi hermana se sentó en el jardín de la entrada de nuestra casa para verme. Yo sentía la responsabilidad de protegerla. Por eso, lo probé primero, por si estaba defectuoso. Jamás había patinado, por lo que era todo un reto para mí, mucho más complejo todavía porque era uno solo. Parecía una bota y me llegaba casi a la rodilla. Yo sentía que arrastraba un ladrillo, por lo pesado que era. Además, era dos tallas más grandes que la talla de mi pie. Pero, ya metida en el rollo, no me quedaba más opción que seguir. Con mucha determinación, anduve durante media hora con mucha dificultad y cuidado. No sé si eso era patinar, pero al menos mi hazaña fue exitosa. Una vez concluida mi práctica, se lo di a mi hermana. Ella era mucho más pequeña que yo, pero más fuerte. Se lo puso rápidamente y mientras yo sostenía su mano comenzó a patinar. De todas formas, eso no impidió que se alucinara la patinadora del año. Ella era feliz con su patín. Por el contrario, a mí me daba mucha vergüenza, así que buscaba los lugares más oscuros para que nadie me viera.

Nos turnamos por varias horas, sin parar, mientras mi tío Martín nos supervisaba. Cuando llegó mi papá, ambas corrimos a su encuentro para contarle que, prácticamente, ya éramos patinadoras profesionales. Él, al ver la emoción en nuestros rostros, entró a casa a cambiarse la ropa formal del trabajo y sacó una silla a la vereda para vernos patinar. A pesar de que llegaba sumamente cansado, se tomaba tiempo para nosotras. Siempre fuimos su prioridad. Esa noche fue memorable. Un recuerdo que lo tengo bastante presente en mi mente y corazón.

Fui perdiendo la vergüenza gracias a mi hermana. Ella me enseñó que uno debe ser feliz sin importarle lo que piensen los demás. Siempre ha tenido un carácter más fuerte que el mío y no le importa el qué dirán. Pocos tenían el valor de molestarla y si alguien se atrevía a hacerlo solo existían dos opciones. La primera, era acusarlos con mi tío Martín o mi papá. La segunda, pegarle a quien se metiera con ella. Yo era todo lo contrario, siempre me afectaba lo que los demás pensaran de mí y era bastante diplomática.

Luego de la fiebre de los patines, decidimos probar una nueva aventura, la patineta. Obviamente, no teníamos una patineta y con la lección aprendida de los patines, era posible que, si le pedíamos una patineta a mi padre, seguramente, nos daría una tabla de planchar con ruedas. Para evitar la humillación pública, nuestros amigos del vecindario nos prestaban sus patinetas. Ellos eran bastante bondadosos y desprendidos pero rudos a su vez. Cuando jugábamos con ellos, no tenían ningún trato especial. En todos los juegos, las niñas teníamos que competir al mismo nivel que ellos. Cuando le ganaba a algún niño, sentía satisfacción y me esforzaba para demostrar que era igual de capaz. Sin embargo, se me complicaba mucho mantener el balance de pie sobre la patineta. Luego de intentarlo durante varias semanas, decidí probar un nuevo estilo. Vi que algunos lo hacían de rodillas, así que entendí que era mi mejor opción. Finalmente, lo que importaba era divertirse. Un día, mientras perfeccionaba mi técnica, vi a un grupo de niños de mi escuela pararse al lado de la vereda, justo por donde iba a pasar con la patineta. Usualmente, jugaba con ellos luego de hacer mis tareas. Por alguna razón, en ese momento, presentí que estaban a punto de hacerme algo. Preferí ignorarlos y seguir de largo. Aceleré para pasarlos rápidamente, pero uno de ellos, Fabián, me puso el pie para que tropezara. En esa oportunidad lo hizo mientras yo iba a mil por hora en la patineta lo que causó que cayera de frente, cara hacia el piso. Me raspé el lado derecho del rostro y los codos. Ellos se mataban de risa y ninguno se dignó a ayudarme. Me levanté, los miré fijamente y no resistí el llanto. Intenté evitarlo, desde el fondo de mi alma, para no demostrarles que era débil, pero no aguanté la humillación y el dolor. Corrí a mi casa y sin poder contener las lágrimas, le conté todo a tío Martín. Seguramente no se me entendía nada, porque hablaba entrecortado entre llanto y dolor, pero él logró descifrar lo que me había pasado. Sin pensarlo mucho, salió de la casa y fue al encuentro de Fabián. Yo, desde la entrada de mi casa, veía cómo iba a cobrar revancha por lo que me hicieron. Comenzó a correr detrás de ellos, mientras se dirigían a varios lados para que no los alcanzara. De todas formas, yo ya le había dado el nombre del culpable, así que lo correteó hasta atraparlo. Yo no me considero una persona que aplica el "ojo por ojo, diente por diente", pero, en ese momento, consideré justo que pagara por sus actos. Mi tío lo tomó del cuello y, prácticamente, lo llevó hasta su casa para reportarle a sus padres lo que había hecho. No puedo negar que sentí una gran satisfacción. Sé que puede sonar cruel, pero creo que era necesario. Algunos niños insultan, ofenden y golpean a personas vulnerables, sin que nadie los corrija o les dé su merecido.

Las semanas que siguieron fueron bastante tranquilas. Los chismosos del vecindario, rápidamente, propagaron lo que había pasado por lo que todos mis amigos prefirieron mantener distancia conmigo, por lo menos hasta que las cosas se apaciguaran. A Fabián lo castigaron y no salió a jugar durante varias semanas, lo cual me pareció justo. Hasta hoy, tengo una pequeña marca en la parte izquierda de la mejilla, y cada vez que la veo en el espejo me da mucha melancolía. No por el golpe, sino porque me transporta a momentos de mi niñez.

Semanas después de mi accidente, mi mamá al llegar a casa del trabajo sacó unas entradas de su cartera y me las entregó. Las taquillas eran dos entradas para uno de los programas más populares del momento, *Nubeluz*. Era un programa en vivo de cuatro horas de duración con juegos, bailes, canciones y una colección de dibujos animados. Consistía en una fiesta infantil en una mágica nube que se traslada de un lugar a otro. Las animadoras, llamadas 'Dalinas', cantaban, bailaban y, al final, daban algún mensaje importante en relación con la salud mental, física, el cuidado de los animales y la naturaleza, así como consejos a los padres para que dejen de fumar. Era el programa televisivo más visto del país y todo niño anhelaba ir. Yo estaba muy feliz y emocionada al recibir las entradas, pero mi curiosidad me mataba, por lo que no me aguanté y le pregunté por qué las había comprado.

"No las compré. Fue un intercambio de pago con un cliente", me dijo ella.

Me pareció extraño. ¿Qué cliente pagaría con entradas para un programa infantil? Me dejó desconcertada. En primer lugar, porque era un indicador de que no tenía dinero. Además, si mis padres empezaban a aceptar esta clase de pagos, ¿cómo iban a costear los gastos personales y de la empresa? Ese negocio era el único sustento de mi familia. Por supuesto, estaba muy emocionada por ir a ver a *Nubeluz* con mi hermana pero presentía que las cosas no andaban bien.

El día en el que nos tocaba ir al programa, mi mamá nos llevó a hacer la larga fila de casi dos cuadras. Nos acompañó hasta la puerta del estudio de grabación y nos indicó que nos esperaría en el mismo lugar a la salida. Cuando estábamos por ingresar al estudio de grabación, vimos llegar un coche deportivo con dos 'Dalinas'. Ambas salieron apresuradas del auto, cada una con su pareja y se dirigieron a una puerta alterna para ingresar. A pesar de que todos los niños comenzaron a gritar de emoción, ellas no se dignaron en saludar ni a conectar con la mirada. Me parecieron arrogantes y me quitaron las ganas de entrar al programa. Yo siempre he sido muy receptiva con las personas. Si son amables conmigo, respondo de la misma forma. Si tienen vibras negativas, me alejo.

En ese momento, me provocó tirar las entradas y regresar a casa. No necesitaba ver nada más. Las famosas 'Dalinas' se me habían caído, pero me daba pena mi hermana. Ella sí estaba emocionada y no le afectaba la arrogancia de las conductoras, así que decidí entrar y conformarme con verla disfrutar. Una vez en el estudio, el grupo de adolescentes que acompañaban a las 'Dalinas' en los bailes empezó a seleccionar niños. Yo me fui a un rincón, con cara de no querer estar ahí, mientras el resto de los niños alzaba la mano para llamar la atención. De pronto, un chico me preguntó mi nombre. "Claudia, ven conmigo, que vas a concursar en el juego de la soga", me dijo. Me sentí totalmente desdichada. No quería estar ahí y mucho menos participar. Mientras caminaba, pensé en quedarme como una estatua durante el famoso juego de la soga para ridiculizar a las 'Dalinas'. Al llegar tras bastidores, nos dieron unas vestimentas de dos colores distintos, azul y rojo, que representaban a dos equipos diferentes. Nos explicaron los juegos en los que participaríamos y nos dejaron durante todo el programa ahí, hasta que nos tocara participar. Cuando nos tocó ni me esforcé, pero los otros de mi equipo pusieron todo de su parte. Finalmente, ganamos el famoso concurso de la soga, que consistía en jalarla de ambos lados y el equipo que tuviese más fuerza ganaría, ocasionando que el equipo perdedor caiga a una piscina. Como premios, recibimos los famosos conos de Nubeluz, eran un gigante cono de color celeste con algodón que parecía nubes blancas y muy llamativo. A pesar de mi actitud desganada, no pude evitar sentir emoción al recibir ese premio. Pese a que no hice nada por ganármelo, me alegré mucho de tener el cono en mis manos. Feliz, corrí hacia el tras bastidor para abrirlo. Al abrirlo, me di con la sorpresa que lo que había dentro eran dulces y juguetes que parecían de piñata barata. ¡Qué decepción! Todo, desde las 'Dalinas' hasta el cono de tienda de segunda mano, fue una decepción. En ese momento, me di cuenta de que lo que proyectan en la televisión no es nada cercano a la realidad. A partir de ahí, dejé de ver programas infantiles.

Al día siguiente, cuando salí a jugar con mis amigos, todos me preguntaron cómo me fue en *Nubeluz*. Yo les dije que fue una pérdida de tiempo y que hubiese preferido quedarme en casa viendo el Chavo del 8. Como argumento, entré a casa y saqué el cono gigante para que ellos mismos vean lo que había dentro. Tiré todos los dulces y los supuestos juguetes para que todos sean testigo de la poca inversión de un programa con tanta audiencia. Ellos se quedaron inmóviles. Yo no sabía si era porque se sorprendieron por el contenido del cono más famoso del Perú o si les importaba poco la calidad y querían comerse las golosinas. Al ver que no decían nada, les dije que podían agarrar lo que quisieran porque a mí no me interesaba nada. Desesperados, se tiraron al suelo a recoger todo, como si nunca hubiesen visto juguetes de piñata en sus vidas. Yo me senté al lado, en la vereda, y los observé devorar los dulces, cuatro o cinco a la vez. Al ver a todos deleitarse con lo que yo despreciaba, me di cuenta de que por la decepción me estaba amargando. Traté de contenerme, pero los veía comer con tanto gusto que se me hizo imposible. Dejé mi orgullo de lado y me uní a devorar las golosinas. Comí tantas que me dolían los dientes. Todos terminamos 'eléctricos' por la excesiva cantidad de azúcar que habíamos consumido. Nos reíamos de cualquier tontería. Parecíamos borrachos. Ese día fue memorable para mí porque me enseñó una gran lección: No debemos dejar que el orgullo se interponga y nos bloquee al punto que nos impida gozar de las bellas cosas y experiencias que nos ofrece esta vida. Al final, dulces son dulces y qué importa la marca o la envoltura. A fin de cuentas, todos son inyecciones de azúcar y tienen el mismo efecto. Si yo no hubiera dejado mi orgullo, no tendría esa experiencia en mi memoria, la cual recuerdo hoy con mucha alegría y melancolía.

Las semanas pasaban y yo iba notando que ciertas cosas que solían ser rutinarias en mi familia ya no sucedían. Por ejemplo, los fines de semana mi padre solía llevarnos a comer a restaurantes que normalmente frecuentábamos; eso ya no pasaba y mi papá optaba por cocinar. Cuando cocinaba, le gustaba hacerlo con ingredientes frescos, que seleccionábamos meticulosamente en el mercado cerca de casa.

El dejar de salir a almorzar los fines de semana me costó al inicio, pero poco a poco me fui adaptando. Aunque no me lo dijeran, era consciente de que las cosas no iban bien, pero tenía la esperanza de que sea un tema temporal.

Una noche mientras veíamos televisión, le pregunté a mi tío Martín: "Tío, ¿por qué mis papás ya no nos sacan a comer los fines de semana?". Me contestó comprensivo: "Claudita, mucho mejor así. ¿Sabes todo lo que se ve en las noticias? Hay restaurantes que no cumplen con los reglamentos de sanidad. Algunos hasta cocinan gato en lugar de pollo". Noté que me mentía y me dio mucha bronca.

Capítulo Cuatro

COQUI

No sé el momento exacto en el que empezó mi amor por los animales. Lo que sí recuerdo vivamente es el día en el que mi papá trajo a la casa un perro al que llamamos Coqui. El perro era un *Cocker Spaniel* de color marrón claro, ojos dormilones y orejas caídas que le colgaban. Mi hermana y yo estábamos felices con su llegada. Nos peleábamos para alimentarlo y cuidarlo. Coqui era cariñoso y creció muy rápido. No usaba collar o correa, caminaba libre por todos lados. Era algo común en esos tiempos, el dejar los perros libremente pasar el día por las calles y que regresaran a casa por las noches. Coqui mantenía un horario regular de entrada y salida, solo rascaba la puerta para avisarnos. Era un perro muy inteligente, fiel y protector. Iba a todas las actividades de mi escuela que eran al aire libre. Siempre se sentaba en primera fila y yo me sentía feliz de verlo dándome apoyo moral cuando me tocaba bailar o recitar alguna poesía. Desde pequeña, me gustaba escribir poemas. Creaba algunos poemas en conmemoración del aniversario del colegio y otras fechas especiales. Yo coleccionaba mis premios y diplomas hasta que entré a la pubertad. Se me fue la inspiración de repente y dejé de ganar los concursos. No sé si fue porque se volvieron más competitivos o porque el jurado notó que usaba la misma poesía desde los siete años y que solo le modificaba algunos versos.

Mi Coqui nunca me juzgó. Siempre fiel a la causa. En una ocasión, hubo una actuación escolar en particular en un jardín, que tenía como concepto demostrar el proceso de reproducción de las flores y las niñas teníamos que representarlas. En mi caso, me alquilaron un atuendo de flor rosada con pétalos y tallo. Me pareció un poco ridículo, pero no me importó porque me gustaba actuar y participar en todos los eventos. Mientras nos colocábamos en posición y nos arrodillamos en la parte frontal del escenario, la profesora empezó a relatar el proceso de crecimiento de cada una de las flores. Mientras tanto, cada una de las participantes se iba levantando, extendiendo los brazos, como si la flor estuviera floreciendo. Coqui subió al escenario y comenzó a lamer la cara de mis compañeras hasta llegar hacia mí. Por más que lo empujaba para que no interrumpa, él seguía lamiéndome la cara. El público se comenzó a reír y la profesora tuvo que incluirlo en su relato, de forma improvisada. Al inicio me dio mucha vergüenza, pero después entendí que era mi fan número uno y siempre estaría conmigo, en las buenas y en las malas. Era mi mejor amigo y yo lo quería con toda el alma.

A medida que pasaba el tiempo, comencé a notar ciertos cambios en el comportamiento de Coqui. Él era muy cariñoso pero empezó a mostrarse agresivo con personas desconocidas. Perseguía bicicletas y ladraba fuertemente como si fuese a morder. Creo que la calle lo volvió así. Aunque nunca vi a nadie pegarle a mi Coqui, asumí que era víctima de maltrato. Era muy difícil controlarlo en sus hazañas. Había un señor que pasaba en su bicicleta rutinariamente y siempre lo perseguía para jalarle la parte baja del pantalón. Mi tío Martín me dijo que, a lo mejor, el señor lo había golpeado y por eso mi perrito se había ensañado con corretearlo, religiosamente, cada vez que pasaba.

Una noche, Coqui rascó la puerta de mi casa con su patita como de costumbre. Le abrí y lo noté tembloroso. Corrió directamente al baño y empezó a beber agua del inodoro desesperadamente, algo que nunca hacía. Me alarmé y pedí ayuda a gritos. Mi tío y mi papá corrieron hacia mí, lo cargaron y llevaron al garaje de mi casa. No entendía lo que pasaba, pero, por sus rostros, sabía que era algo grave. Fui tras ellos y los vi conectar la manguera al caño, para echarle agua por todo su cuerpo. Por la boca, botaba espuma blanca. Todo pasó demasiado rápido. Yo solo lloraba de desesperación. Mi tío me cargó y me llevó a otro lado de la casa, para que no viera la escena. Ellos gritaban su nombre con un tono alarmante y no pude resistir la angustia.

Al volver al garaje, me di con la sorpresa de que no había nadie. Corrí hacia la puerta y encontré a mi papá excavando en el jardín. Mi pobre Coqui estaba acostado, inmóvil y sin vida. Sentí un dolor profundo en mi pecho y todo se volvió borroso. No pude tolerar el dolor de ver a mi mejor amigo, mi compañero, mi fan número uno, muerto en el piso. Días después, me enteré de que Coqui había sido envenenado. Por segunda vez, perdí otro ser importante en mi vida. Hasta el día de hoy me causa mucho dolor recordarlo.

Ese día marcó mi vida para siempre. A raíz de eso decidí proteger y luchar por la vida animal. Con mucho orgullo, puedo decir que soy activista de animales que vela por la vida y protección de ellos. A medida que continuo con esta labor, me decepciono cada vez más del ser humano y de su crueldad.

Capítulo Cinco

MI PRIMER EMPLEO

Morena, alta, norteña y gran cocinera, así era la comadre y vecina de mi mamá. El catolicismo es la religión más común en Perú. El bautismo es el sacramento principal y se realiza en bebés o niños a muy temprana edad. El bautismo tiene como objetivo limpiarlos del pecado y mostrar a los niños como verdaderos hijos de Dios a la comunidad. Se designan una madrina y un padrino que guiará al niño(a) en los buenos caminos del bien, en caso de faltar el padre o la madre en su vida. Mis papás eran padrinos de su hija menor.

Uno de los muchos fines de semana fuimos a su casa y nos deleitamos con un rico ceviche de conchas negras y chifles (plátano frito), un plato tradicional del norte del Perú. Luego de comer, salí a jugar con sus hijas, primero a la soga y luego al escondite. Nos sentamos en la acera a conversar cuando nos cansamos y una de ellas, todavía con mucha energía, sacó su bicicleta. Era un poco antigua, pero funcionaba bien. En esos tiempos, era poco común que los niños tuvieran bicicletas, ya que eran muy costosas. Pero sí sabía manejarla. Luego de múltiples caídas y raspones, aprendí. Así que le pedí prestada su 'bici' para dar una vuelta. Como era la primera vez que manejaba una de ese tipo, lo hice despacio. Siempre apoyándome para encontrar el balance. Me alejé un poco de mis amigas y decidí tomar un atajo. Era un pasaje ubicado a media cuadra, que se usaba para cortar camino y no dar la vuelta entera. Al llegar, escuché que alguien me saludó. Era un hombre de mediana edad que empezó a caminar a mi lado. Yo ya no veía a mis amigas, pero no sentí temor, algo que hasta hoy no comprendo. Me preguntó por una dirección y le expliqué cómo llegar. Luego, me solicitó que lo acompañara porque no estaba familiarizado con el vecindario. Ingenuamente, accedí. Mientras nos dirigíamos al lugar que supuestamente estaba buscando, me contó que era entrenador de un equipo de vóleibol. Al escuchar eso, me emocioné porque era el deporte de moda. Me explicó que estaba reclutando niñas de mi edad. Yo nunca había sido parte de ningún equipo de deporte, salvo los de mi colegio. Ahí solo tirábamos la pelota y nos reíamos si le daba a alguien. Por eso, mientras él me contaba los detalles, yo me ilusionaba en convertirme en toda una jugadora profesional. No era consciente del peligro en el que me encontraba al caminar con un extraño por un lugar aislado. Estaba totalmente concentrada en la posibilidad de pertenecer a su equipo de vóleibol.

"¿Te gustaría ser parte del equipo?", me preguntó.

"¡Sí!", le respondí, muy emocionada.

"Veo habilidades en ti, pero necesito ver qué tan rápido corres. ¿Podrías dar una vuelta a la cuadra?", me indicó mientras sacaba su reloj para tomar el tiempo, según él.

Le expliqué que no podía porque la bicicleta no era mía. El individuo me señaló que él podía sostenerla mientras yo corría. Volví a decirle que no pero el insistió. En ese momento, caí en cuenta del peligro en el que estaba. Fue como si, de pronto, me hubiese bajado de la nube imaginaria en la que pertenecía a un equipo de vóleibol para estar frente a frente con un delincuente. Comencé a sudar y para mi mala suerte no había ni una persona a nuestro alrededor a la que pudiera pedir auxilio. Mis nervios me ganaban y sentía que me faltaba la respiración. No sabía qué hacer. Empecé a avanzar lentamente, para medir si tenía el espacio suficiente como para escapar, pero él era más listo y no se despegaba de mi lado. Yo sentía ganas de llorar y gritar de desesperación. Él insistía en que le diera la bicicleta y yo solo le contestaba que no me pertenecía. Hasta que escuché la voz de tío Martín. "¡Claudita!", gritó. Sentí como si hubiese vuelto a nacer.

Durante esos instantes de angustia, vi pasar imágenes de mi corta vida por mi mente. Sentía que nada bueno podía obtener de esa experiencia y que no iba a vivir para contarlo. Mi tío Martín corrió hacia donde estábamos y el criminal empezó a huir. Todo pasó tan rápido que yo me quedé inmóvil. Lo vi ir detrás de él, como si estuvieran en un maratón. Nunca lo vi correr tan rápido. Luego de algunos segundos, los perdí de vista y con las piernas temblorosas, los ojos aguados, volteé la bicicleta con dirección a la casa de la comadre de mi mamá. Cuando giré, vi a mis padres, los vecinos y varios conocidos más acercándose hacia mí. Al ver tanta conmoción y preocupación, opté por fingir como si nada hubiera pasado. Mi papá llegó hasta mí y me preguntó si estaba bien. Le dije que estaba perfecta y que el señor solo necesitaba ayuda con una dirección. Él se enojó mucho más con mi respuesta. Me dijo que le devuelva la bici a la hija de la comadre y que regresáramos a casa. Todos los niños y vecinos chismosos me miraban raro. No sé si porque estaban preocupados o esperaban que comenzara a llorar y hacer un espectáculo por la conmoción de mi familia.

Mi padre no dijo una sola palabra de camino a casa. Eso me preocupaba porque mi padre era una persona bastante expresiva. Sospechaba que lo que se venía no sería de mi agrado. Al llegar, me llevó a su dormitorio con mi hermana y mi mamá. Tras sentarse en la cama, me pidió que le contara lo que había pasado desde el principio. Yo, paso a paso, le detallé todo. Reiteré que nada malo me había sucedido y que el señor estaba perdido. Aunque quería gritar y llorar, creo que lo aparenté bastante bien. Me mostré calmada y relajada como toda una actriz. Tenía muchas emociones encontradas, pero logré contenerme y proyectar tranquilidad. No quería, tampoco, causar angustia ni dolor en mis padres por mi imprudencia. Sobre todo, porque siempre me advirtieron de los peligros que hay en la calle y me repetían, hasta el cansancio, una frase que hasta hoy escucho en mi mente: "Nunca hables con extraños". Cuando terminé de relatar todo, hubo un silencio de varios segundos. No sé si porque se sentía aliviado o porque lo preocupé más. Mi papá reaccionó con muchísimo enojo. Nunca lo había visto tan molesto. No recuerdo lo que me dijo, pero sí el tono y el volumen de su voz. Él jamás me había gritado en toda mi vida. Supe que habría consecuencias severas por mi negligencia. De repente, mi padre me dio una nalgada en mi trasero para corregir mi error. No me dolió el golpe pero sí el hecho. Era la primera vez que mi papá me pegaba. Me quebré. Sentí que lo había defraudado. Tantos años tratando de dar un buen ejemplo y cuidar de mi hermana menor. Todo mi sacrificio no valió de nada y me cayó mi primera nalgada. Me tomó varias semanas recuperarme de la humillación y el resentimiento que me causó esa situación. No le hablé a mi padre durante todo ese tiempo, pero como a todo niño, se me pasó.

La situación económica familiar iba de mal a peor. Los empleados renunciaron a la empresa de mi papá porque no les daban su sueldo a tiempo o no había con qué pagarles. Mi papá intentaba tener el control de todo, pero no podía más. Debido a las dificultades económicas que enfrentaba, comenzó a fumar de forma excesiva. Fumaba una cajetilla o más al día. Yo lo veía y no lo reconocía. Era como un sonámbulo caminando sin dirección.

Lo que sí tengo claro es que mi padre sufría mucho. Hubo muchas noches en las que nos recostábamos los tres (mi padre, María Julia y yo), mirando el oscuro techo de nuestro dormitorio, a causa de los constantes apagones por los ataques terroristas, nos contaba historias o nos compartía las cosas que le pasaban en el día. En una de esas, se mostró emocionalmente destruido. Estaba cansado, pero no era agotamiento físico, sino mental. "No sé dónde está su mamá. Perdónenme, hijas", nos dijo, acostado y con lágrimas en los ojos. Mi madre lidiaba con la situación con su ausencia. Cuánto hubiese querido tener una varita mágica para quitarle todo ese dolor. Ese día entendí que tenía que ayudarlo a salir del abismo en el que lo veía caer. Lloré, lloré mucho, pero en silencio. Hacia mi mejor esfuerzo por mantenerme fuerte para mi padre y sentí que era la única persona que podría ayudarlo. Ese día, me propuse tomar las riendas de la casa y apoyarlo en todo lo que estuviera a mi alcance. Él me compartía muchas cosas, no sé si porque estaba desconsolado o deseaba desahogarse.

En esas noches de conversaciones, me contó que uno de nuestros vecinos le debía dinero. Bienvenido era su nombre. Sin decirle nada a mi padre, decidí salir de casa y aprovechando que mi tío Martin estaba lavando su ropa en la lavandería fui a la casa del señor Bienvenido. Esta quedaba justamente al lado de la mía. Toqué el timbre solo una vez. Me habían enseñado que tocar el timbre dos veces era mala educación, pero nadie atendió. "¡Señor Bienvenido!", empecé a gritar. Aunque no salió el deudor, salió el pesado de su sobrino. Chelo era un niño súper descortés y paraba desarreglado. Aunque casi todos los del vecindario asistíamos al mismo colegio privado, pequeño pero muy avanzado educativamente, Chelo era el único niño que no iba a este colegio. No sé si asistía a alguna escuela pública o simplemente no estudiaba.

"¡Mi tío no está!" gritó desde el techo de su casa.

"Dile que le pagué a mi papá" respondí.

"No pierdas tu tiempo. Mi tío no tiene cómo pagarle a tu 'viejo', así que regresa a tu casa no más", contestó.

Me dio tanta cólera lo que me dijo, que tomé una piedra pequeña, se la aventé y me fui corriendo. Llegué a casa y me aseguré de que mi tío seguía lavando su ropa. Mi corazón palpitaba rápidamente y mi conciencia me perturbaba. Pensaba ¿habré roto alguna ventana o, peor todavía, habría dejado ciego a Chelo? Me sentía culpable. Con la intención de corroborar si todo estaba bien pedí a mi tío permiso para ir a comprar un dulce a la tienda y aceptó acompañarme. Al fijarme, noté que todo estaba normal. Decidí no volver a reaccionar de esa forma. Además, le tenía miedo a Chelo y quizás, la próxima vez, me respondería igual o peor. No renuncié a cobrar el dinero que le debía el señor Bienvenido a mis papás pero opté por monitorear sus horarios para encararlo. Aunque no podía salir sola, mientras me alistaba para la escuela, me plantaba en la ventana para ver a qué hora dejaba su casa como toda una espía profesional. Pasaron varias semanas y no obtenía resultados. Pensé que mi misión había fracasado hasta que, finalmente, el día llegó. Capté la hora en la que dejaba su hogar, abrí cuidadosamente la puerta y fui detrás de él. Caminaba apresurado, con dirección a la estación de buses. Yo iba detrás de él en pantuflas y me dificultaba correr por lo que comencé a gritar su nombre. Él volteó.

"Claudita, ¿qué haces aquí tan temprano? ¿Tu papá sabe que estás en la calle a esta hora?", me preguntó sonriendo.

Le expliqué que no, pero que era urgente conversar con él porque estábamos pasando una situación complicada en casa y necesitaba que le pague a mi papá lo que le debía. Él me miró con cara de asombro y, algo avergonzado, contestó.

"Claudita, no te preocupes, yo arreglaré con tu papi", me dijo.

"Mi papá ya tiene mucho tiempo esperando y usted no le paga. Mejor deme lo que pueda y yo se lo doy", le indiqué mirándolo fijamente. Él empezó a reír como si le hubiese contado un chiste.

"Mira, Claudita, tengo que ir a trabajar, pero hagamos algo. Hoy hablaré con tu papi para que pase por mi tienda y escoja los polos que desee como parte de pago, ¿qué te parece?", me sugirió.

Yo estaba muy molesta por su tonta proposición. ¿Cómo pretendía que unos cuantos polos podrían solventar su deuda y solucionar los problemas económicos de mi padre? Además, por cómo se vestía, era fácil deducir que tenía muy mal gusto para la ropa. No contesté nada, me di media vuelta y fui corriendo a casa. Entré muy despacio y me fui directo al baño a llorar de cólera y frustración. Quería ayudar a mi papá pero, por más que pensaba en opciones, me sentía limitada. No podía salir a trabajar para ayudar económicamente a mi familia y personas como el señor Bienvenido no me tomaban en serio.

Camino al colegio, mi tío Martín me preguntó si había llorado. Mis ojos hinchados me delataban, pero preferí ignorarlo y no decir nada. Al llegar al colegio, él me abrazó. "Te quiero mucho, Claudita. Ustedes son como mis hijas", me dijo. Sus palabras me reconfortaron, pero sabía que no me podía ayudar. Los problemas eran cada vez más evidentes y ya no solo dentro de la casa, sino también fuera. Muchos de los vecinos se daban cuenta, porque mi papá tenía que vender artefactos eléctricos y otras cosas de valor para cubrir los gastos del día a día. Los cobradores tocaban nuestra puerta continuamente y habíamos perdido la tranquilidad. Mi padre andaba con los nervios de punta y yo me sentía avergonzada con mis amigos del vecindario. Como vivíamos en un lugar pequeño la gente se enteraba de la vida de todos y el chisme corría más rápido que el viento.

Llegó el momento en que mis padres ya no podían pagar la mensualidad de mi colegio y se retrasaron varios meses. Un día mientras asistía a clases, me llamaron a la oficina de la dirección para retirarme del colegio hasta que las mensualidades se regularizaran. Yo afrontaba lo que venía y hacia mi mejor esfuerzo para que mi hermana menor no se enterara. Cuando me sacaron de clase, yo solo pensaba en ella. Mientras el director empezaba a detallar la razón por la que me habían sacado y la importancia de estar al día en los pagos, el rostro de María Julia se me venía a la mente. Cuando terminó, le pedí que, por favor, dejara a mi hermana en su clase, que yo iría a casa a hablar con mis padres. Mis plegarias fueron en vano. La sacó de la clase y ella llegó a la oficina con cara de confusión. Yo le agarré la mano y la llevé a la puerta de salida para no exponerla al innecesario discurso del director. En el transcurso a casa, me preguntó qué había pasado. Yo minimicé la situación diciendo que papá olvidó enviar el cheque de la mensualidad y, como ya no teníamos teléfono, no había forma de comunicárselo. Por eso, nosotras teníamos que llevarle la información lo más pronto posible.

"Además, ¡podremos ver tele hasta la noche, mientras todos se aburren en clase!", le dije con entusiasmo para calmar su ansiedad.

Ella me miró sorprendida. "¿Entonces vamos a ser burras?", me preguntó. El dicho que usaban los adultos a los niños que no estudiaban. Ahí supe que mi hermana no era tonta, que se daba cuenta de las cosas y opté por quedarme callada y cantar durante todo el trayecto a casa para calmar los nervios.

Esa fue la primera de las muchas veces que nos sacaron de la escuela por falta de pagos. Se volvió una rutina y yo ya me iba acostumbrando. Lo más triste era que, a diferencia de otros niños a los que no les gusta ir al colegio, a mi hermana y a mí nos encantaba. Yo siempre fui muy aplicada y me gustaba estudiar. Para mí era realmente un castigo no ir a clases pero nunca transmití ese sentimiento. Para no agregar preocupaciones en mi hogar yo le decía a mi padre que no había problema y que me pondría al día rápidamente cuando volviera a clases.

La solución llegó gracias a mis tías y mi abuelita. Desde Estados Unidos, ellas nos enviaron dinero para solventar los pagos atrasados y pudimos regresar al colegio. Yo estaba muy feliz y pese a perderme meses de estudio, en la clausura del año obtuve el puntaje más alto. No lo podía creer cuando me nombraron en la celebración. Me convencí de que era capaz de superar cualquier obstáculo. Me sentí como una superheroína al caminar hacia el escenario para recibir mis diplomas y reconocimientos. A pesar de todo lo que estaba pasando, los problemas económicos, la aparente separación de mis padres, el aislamiento de mis amigos y el faltar por tanto tiempo al colegio, logré superar todo con notas que excedían cualquier expectativa. Lamentablemente, mis padres no estuvieron presentes en ese momento tan significativo para mí pero me sentía tan feliz, que no me afectó. Además, María Julia estaba ahí y eso fue lo más importante para mí, porque le demostraba que hay luz al final del túnel pese a que atravesábamos cosas que estaban fuera de nuestro control, había otras que sí podíamos controlar, como el estudiar y perseverar. Al recibir mis premios por parte del director que me sacó tantas veces de la escuela, solo busqué con la mirada a mi hermana para celebrar conmigo. Ese triunfo era para ella como para mí. Ese día demostré mi potencial académico y mi resiliencia. Si bien todo alrededor se encontraba en una terrible situación para cualquier niña de mi edad, yo me paré y seguí enfocada en lo que sí podía controlar, concentrada en mi meta. Actualmente, cada vez que siento que no doy más, me transporto a ese momento en el que recibo mi diploma y me lleno de motivación lo cual me da la fortaleza para continuar.

Mi padre decidió viajar por unos meses a Estados Unidos para trabajar y poder solventar los pagos pendientes tras la presión de las deudas que aumentaban. Me sentí triste cuando nos contó su plan, pero fui consciente de que era la única alternativa para salir de la angustia que nos afligía. Así que, no lloré y le dije que era la mejor decisión, que todo iría bien y que yo me encargaría de mi hermana. Aunque, María Julia también estaba triste, a medida que pasaban los días nos fuimos acoplando a su temporal partida. Mi familia materna residía, desde hace años, en Virginia. Mi papá viajó con su suegro, mi querido abuelo Alfredo. Un hombre maravilloso con palabra, dignidad, valores y divertido. Mi abuelo Alfredo era el alma de toda reunión familiar. Todos lo querían y respetaban. Aunque, tenía un cargo muy alto en el gobierno y se rodeaba de personas que se aprovechaban de sus puestos, él jamás aceptó un soborno, ni se apropió de algo que no le perteneciera. Él fue muy admirado por su integridad. Su sueldo era lo único que le correspondía y nunca tuvo riqueza, pero fue muy feliz y agradecido con lo que tenía. Siempre quiso mucho a mi padre, tenían muy buena química y no había domingo que faltáramos a su casa.

Mi tía Angie, hermana de mi mamá, y su esposo Jerry los recibieron con las puertas abiertas. Ella era una mujer excepcional, elegante, inteligente, caritativa, cariñosa y sumamente talentosa. Para mí, era un modelo para seguir. Mi tío Jerry, un americano retirado de la Marina de Guerra, alto, con poco cabello y ojos azules. Mi tía lo conoció mientras ella trabajaba en un restaurante en Washington D.C. en 1960, año en el cual mi tía emigró a Estados Unidos.

Con esa idea fueron ellos y empezaron con pequeños encargos de mantenimiento en el trabajo de tío Jerry. Seguro que a mi papá y mi abuelito se les hizo difícil adaptarse a esos trabajos ya que ambos habían trabajado en sectores ejecutivos. Era la primera vez que ejercían trabajos informales como recoger hojas y nieve alrededor del edificio. Pero nada pudo contra la fuerza de voluntad para sacar adelante a sus familias. Mi padre siempre se comunicaba con nosotras para asegurarse de que todo esté bien. Yo le había pedido a María Julia que no le contara las cosas que pasaban en casa. No quería darle preocupaciones.

Rosita, la persona que ayudaba a mi tío Martín con los quehaceres del hogar, trajo a sus hermanos a vivir temporalmente a mi casa. A lo cual no le vi nada de malo pero no le consultaron a mi padre. Mi tío Martin siempre estuvo al tanto de nosotras. Nos cuidaba y hacía su mejor esfuerzo por transmitir tranquilidad en todo el desorden que vivíamos.

Los meses se me hicieron eternos hasta que llegó el día en el que mi papá volvió. Desde muy temprano, tío Martín, Rosita y sus hermanos, limpiaron y cocinaron todo el día. Todo debía estar perfecto. Además, rogábamos que ningún chismoso del vecindario le fuese con el chisme de las fiestas que se armó en casa durante su ausencia. Yo sería una tumba para evitarle más dolores de cabeza a mi padre.

María Julia y yo corrimos a darle un abrazo tan pronto entró. Él nos llenó de besos como si nos hubiésemos separado una eternidad. Me sentía realmente feliz pero temía por lo que sucedería cuando mi padre se diera cuenta de que teníamos inquilinos, sarcásticamente hablando. No sé bien de qué hablaron mis padres durante los minutos en los que se encerraron en su dormitorio, pero sí noté que la conversación duró poco. Mi padre salió bastante fastidiado y, de inmediato, fue a conversar con mi tío Martín y Rosita. Yo caminaba por la sala disimuladamente para tratar de escuchar. Él les explicó muy calmadamente que no podían tener inquilinos por temas de espacio y privacidad.

Ellos no tenían a dónde ir. Ya que habían llegado a Lima de su pueblo y no conocían a nadie. El acuerdo fue que se quedarían unas semanas hasta que consiguieran un sitio al cual ir y así fue.

Aparentemente, el viaje a Estados Unidos no fue como esperábamos. En el tiempo que estuvo afuera, mi papá no logró acumular el dinero esperado para pagar las deudas. La situación se complicó aún más. Mi padre perdió su empresa. Eso fue muy doloroso para mí pues no concibo cómo pudo venderla a un precio que no equivalía su valor. Todo fue bastante turbio y sé que queda en la conciencia de las personas que se aprovecharon del momento crítico que atravesábamos.

Como el humo, se esfumó nuestra única fuente de ingresos. Esto generó que mi padre aumentara su hábito por el cigarrillo y se mostraba mentalmente ausente. Era como si estuviera ahí físicamente pero su mente anduviera en otro planeta. Nada en casa era igual; mi papá parecía un zombi. Él ya casi ni hablaba. Al poco tiempo, Rosita también tomó su rumbo y se fue de la casa, me imagino que ya no había cómo pagarle. Las discusiones por dinero se daban casi a diario y los cobradores aparecían siempre. La mensualidad del colegio seguía retrasándose y ya no comíamos todo lo que antes acostumbrábamos a comer. El bistec, el churrasco y los mariscos eran cosa del pasado. Todo había cambiado para peor.

Un día mi padre salió corriendo hacia la tienda al borde del colapso físico y mental. Compró una cartulina, me pidió un marcador negro y escribió sobre el papel en letras grandes, "SE VENDE ESTA CASA". Lo pegó en la entrada de la puerta y suspiró. Confieso que me generó mucha tristeza porque era lo único que nos quedaba pues ya había vendido su coche y otras cosas de valor. Lo que menos quería era agregar problemas o hacerlo sentir más desdichado. Llevé a mi hermana a nuestro dormitorio y empecé a explicarle lo maravilloso que sería mudarnos. Ella me miró con un gesto extraño. "María Julia, nos iremos a otra casa mucho más grande, con todo lo que queramos. ¿Te imaginas eso?", le dije. Ella, confundida, salió del cuarto sin decir una palabra. No sé si me creyó o se dio cuenta de que le pintaba todo de una manera opuesta a lo que realmente sucedía.

Luego de colocar el cartel, mi padre entró a la sala y se sentó frente al televisor apagado por varios minutos. Al verlo, sentí el dolor que atravesaba su alma. Todo su sacrificio había desaparecido en cuestión de meses. La pena me acongojaba, pero debía contener las lágrimas. Sabía que no podía demostrar lo que pasaba por mi mente si quería que mi papá sacara fuerzas de donde sea para continuar. Me preocupaba su estado emocional, pero mucho más su estado físico. Casi ni dormía y el tabaco estaba acabando con él. Comencé a silbar y me acerqué a él. "Papi, ¿vas a ver la televisión? Ya va a comenzar El Chavo del 8", susurré. Él me miró y sonrió levemente.

Durante los días posteriores, varias personas tocaron la puerta solicitando información sobre la venta. Una de esas fue una señora de contextura gruesa. Por su forma de expresarse, era evidente que ella era quien llevaba los pantalones en casa y que no era la primera vez que compraba una propiedad. Se mostraba como toda una negociante. Luego de recorrer cada espacio de la casa, se sentó en el comedor, sin que nadie la invitara y le ofreció a mi padre una cifra mucho menor a lo que se pedía. "Se lo doy en efectivo. Si acepta, hoy mismo la compro", propuso. Mi padre, sorprendido, le agradeció, pero le explicó que estaba valorizada en mucho más. La mujer se paró, dejó en la mesa una tarjeta con su número de teléfono y se despidió. "Si cambia de opinión me llama y cerramos el negocio al instante", sentenció y se marchó. Después de esa visita, hubo muy poca gente interesada en el inmueble. No existían las redes sociales ni compañías de mercadeo accesibles para promover la venta de la casa. Yo tenía la esperanza de que pronto llegaría el comprador adecuado y pagaría lo razonable, pero eso nunca pasó.

Pasaron las semanas y las deudas aumentaron al mismo nivel que el estrés y el acoso de los cobradores. Mi papá, cansado, un día se dirigió a un teléfono público que quedaba a una cuadra de donde vivíamos. Yo me puse mis zapatos y salí detrás de él. Estaba tan desconectado de todo, que dudo que notara que yo lo seguía a todas partes o que me paraba detrás de las puertas para escuchar lo que hablaba. En su mano, llevaba la tarjeta con el número de contacto de la señora robusta. "Soy el señor Lombardi. Voy a aceptar su oferta. Me gustaría concluir la transacción lo más pronto posible", le dijo. Al colgar, percibí un gran dolor en su rostro. De regreso a casa, prendió un cigarrillo. Yo lo tomé de la mano y empezamos a caminar a paso muy lento, como si no quisiéramos volver. Estaba consciente de lo que se avecinaba. Sabía que las cosas no iban a mejorar y que estábamos a minutos de perder lo único que nos quedaba. Todo pasó muy rápidamente. La señora llegó con sobres llenos de dinero y mi padre vendió la casa por miles de dólares menos de lo que en verdad valía. Ya no había marcha atrás. Mi padre perdió su sacrificio y trabajo de muchos años, por, prácticamente, una miseria.

Como nos quedaban muy pocas cosas, no fue difícil empacar. Mi tío Martín ya no fue con nosotros, no solo por cuestiones de espacio, sino porque ya no trabajaría como seguridad en nuestro vecindario. "Yo siempre estaré ahí, cuando me necesiten. No me voy muy lejos y siempre las voy a visitar porque ustedes son como mis hijas. Las quiero mucho", nos dijo a modo de despedida. Nos abrazó y embarcamos a un destino incierto, lleno de temor, tristeza e incertidumbre.

Mi padre alquiló un pequeño apartamento, supuestamente de forma temporal, mientras juntaba dinero para comprar otro inmueble. Yo no lo creía, pero igual tenía la esperanza de que un milagro sucediera. Una amiga muy querida dice que lo único que nunca se debe perder es la fe. Yo oraba fervientemente a Dios. Soñaba todo el tiempo lo cual me ayudaba a cambiar mi tristeza por esperanza y optimismo. A la vez, tenía la esperanza de tener otra casa más linda con un patio enorme. Deseaba con que algunos empresarios y amigos íntimos de mi padre lo llamaran para ofrecerle un trabajo. Anhelaba que, pronto, regresaríamos a nuestro vecindario. Ese ejercicio, que para muchos puede sonar absurdo, lo seguí aplicando en mi vida, en el ámbito personal y profesional. Cuando vivo situaciones complejas o dolorosas, me desconecto, así sea momentáneamente, y me ayuda a disuadir emociones destructivas, como el enojo, frustración o decepción. No tienes idea del poder del pensamiento. Te cambia la actitud y la perspectiva si piensas en positivo. Tú atraes lo que piensas. ¡Inténtalo!

El apartamento que mi padre rentó era el segundo piso de la casa de uno de sus compadres. Tanto él como mi mamá tenían un sinnúmero de ahijados y ahijadas. Aunque, el lugar al que nos mudamos no era tan grande como nuestro antiguo hogar, yo me sentía agradecida de tener un techo y estar juntos. Mi hermana empezó a decorar su parte del dormitorio que compartiríamos. Yo no tenía ganas de instalarme. Mi padre, con el poco dinero que recibió, pagó unas cuantas deudas. Gracias a su mente emprendedora y con lo poco que le quedaba, se compró una van para quince personas con la idea de usarla como medio de transporte público. De esa forma, empezó en una nueva área que no tenía nada que ver con su línea de trabajo. Al inicio, casi ni lo veíamos. Los fines de semana trabajaba doble turno para solventar los gastos. Le pedía constantemente que nos sacara del colegio privado y nos cambiara a uno del estado cada vez que lo veía en las pocas horas del día. Me daba pena verlo trabajar tanto pues tenía el presentimiento de que, pese a todo su sacrificio, las cosas no iban a cambiar. La economía estaba pésima en Perú, los intereses seguían acumulando y lo que él ganaba apenas servía para cubrir gastos básicos, pero él rechazó mi plegaria. Prefería matarse trabajando en la calle, sin dormir y arriesgándose a criminales o extorsionadores, porque en Perú, el trabajar en transporte público es uno de los trabajos más arriesgados que existen. A pesar de que se mantenía optimista y hacía su mejor esfuerzo, no había frutos. Como se dice en inglés, *there was no return for the investment:* no había retorno por la inversión. Todo era pérdida.

Un fin de semana, llegó al mediodía, bastante preocupado. Lo seguí hasta su dormitorio, para saber lo que pasaba. Le comentó a mi mamá que el cobrador que había contratado para la van le había robado toda su ganancia del día. Estaba exhausto. Me acerqué a su lado y le dije "Papi, yo puedo ser tu cobradora. No me da vergüenza hacerlo y no tendrás que preocuparte porque te roben. Puedo estudiar de lunes a viernes y ayudarte los fines de semana". Mis padres se miraron y rieron como si yo hubiese contado un chiste. "Claudia, solo tienes doce años. Es peligroso y yo jamás he visto una cobradora de transporte público", contestó mi padre.

Los cobradores en Perú son cosa seria. Pues ellos tienen que ser muy listos en cobrar y evitar que la gente se baje sin pagar. Debes tener calle y usar un tono de voz muy alto y peculiar para llamar a los pasajeros. Eres el encargado de abrir y cerrar la puerta del bus. Además, hay mucha competencia entre las diversas líneas de transporte. Algunas formales, con todos los papeles en regla, y otras que ni siquiera tienen seguro para proteger al conductor o los pasajeros. Hay peleas por los pasajeros, gritos y muy poco tiempo para realizar las respectivas paradas. Es un trabajo peligroso. Todo eso pasó por mi mente, mientras mis papás trataban de resolver el problema. Yo reiteré mi propuesta, y manifesté que, como estaba muy pequeña para llamar pasajeros, podía simplemente sentarme al lado de la puerta, para abrirla y cerrarla y encargarme de cobrar el costo del pasaje. Nadie se daría cuenta de mi edad. Ellos no contestaron y continuaron conversando por horas, hasta que se quedaron dormidos. En mi cuarto, yo trataba de pensar en quién podría ayudar, pero no conocía a ningún cobrador de transporte público.

A la mañana siguiente, mientras mi padre preparaba el desayuno, se dirigió a mí. "Claudia, no es mala idea que me ayudes en las rutas que haré hoy", dijo. Por primera vez, durante todo ese tiempo tratando de colaborar por fin tenía la oportunidad de demostrarles que podía contribuir. Terminé mi desayuno y me fui a cambiar la ropa para tener mi primer día como cobradora. Me puse un pantalón, un polo de colores y me sujeté el cabello en una cola. Salí rápidamente del dormitorio, recibí un canguro (pequeña cartera alrededor de la cintura) para guardar el dinero y lo coloqué alrededor de mi diminuta cintura. Mi función sería abrir y cerrar la puerta en los distintos paraderos, así como cobrar la tarifa del viaje. Mi papá se encargaría de gritar las rutas. Mi mamá y María Julia estarían en la parte de adelante con él, y yo estaría atrás. Me sentía nerviosa, pues nunca había hecho algo similar.

En la primera parada, los pasajeros ingresaron sin problemas. Una vez sentados, noté que miraban a todos lados, como buscando al cobrador. Claramente, no imaginaron que una niña de doce años, con un polo de colores llamativos y un cangurito, sería la cobradora. Al darme cuenta de que nadie me pagaba, me acerqué a mi padre y le susurré al oído el inconveniente. "Señores, ¿ven a esa niña bonita sentada al lado de la puerta trasera? Es mi ayudante. Por favor, páguenle a ella", indicó. Todas las miradas se fijaron en mí. Sentí que me estaban pasando juicio, "tan chiquita y a lo mejor ni sepa sumar". Yo no sabía dónde meter mi cara. Nunca tanta gente me había mirado tanto. Luego de algunos segundos, empezaron a rebuscar en sus bolsillos. No sabía si ellos se acercarían o si yo debía hacerlo. El vehículo de mi padre no era tan amplio para caminar entre los asientos, bien parecido a una van de carga. Habitualmente, los cobradores son quienes van sitio por sitio para recibir el dinero, con el reto de caminar con el coche en movimiento, sin sostenerse de ningún pasamanos. Es un talento que requiere de mucho equilibrio ya que en la caótica Lima los medios de transporte no respetan los límites de velocidad. Además, las calles están llenas de piedras y huecos. En mi caso, no podía siquiera intentar imitar esa arriesgada hazaña, así que me quedé sentada. Uno por uno, los pasajeros fueron acercándose para pagarme. Si me daban el monto exacto, les daba un pequeño boleto. Al principio, me sentí nerviosa a pesar de ser muy buena en matemáticas, tenía temor de que se aprovecharan de mi lentitud y bajaran sin pagar. Lo que causaba más presión, era el saber que dependía de mí que mi papá obtenga el dinero del día para cubrir los gastos. Cada sol, la moneda peruana, era de suma importancia.

Hicimos distintas rutas de ida y vuelta. Yo me alegraba cuando la van se llenaba, y cada vez se me hizo más fácil cobrar y manipular el dinero. Por seguridad, después de cada trayecto, le entregaba lo recolectado a mi padre, para evitar que me roben o se me caiga alguna moneda. Cuando paramos a almorzar en un puesto de comida de algún mercado cercano, sentí una satisfacción tremenda al ver que pagaban con el dinero que yo había ayudado a generar. Me sentía adulta, empoderada y capaz de ayudar a superar ese desastre financiero. Luego de comer, seguimos trabajando por el resto del día. No recuerdo cuántas horas trabajamos. Tal vez seis u ocho, aunque yo hubiese podido hacerlo durante toda la noche, pero imagino que mis padres temían que algo me pasara.

Así pasaron las semanas. Mi padre contrataba cobradores de lunes a viernes, mientras yo iba al colegio y lo ayudaba los fines de semana. Empecé a agarrarle el gusto y el ritmo. Me gustaba ver mi canguro llenarse de dinero porque tenía la ilusión de recuperar lo que habíamos perdido. Esa experiencia me dio muchas enseñanzas que perduraron y fueron fundamentales en mi desarrollo.

Capítulo Seis

LA LLEGADA DE UN ÁNGEL

Justo cuando pensaba que todo mejoraba, perdimos el único medio que teníamos para sustentar nuestro hogar. Mi padre fue interceptado, en una de sus rutas, por las autoridades y le embargaron la van por las deudas que tenía. Él llegó temprano a casa sin decir una palabra. Se dirigió a su dormitorio y le comunicó lo ocurrido a mi mamá. Ella rompió en llanto. Él volvió a su estado de zombi, perdido en el espacio, como si se desconectara de la realidad. Yo me encerré en el baño a llorar. Sabía que todo se pondría peor. Mi papá tenía ya más de cincuenta años y la probabilidad de que lo contraten en algún otro trabajo eran pocas y yo no podía hacer nada para ayudar. Fue uno de los episodios más difíciles de mi vida. Después de desahogarme en silencio, me lavé la cara, me arreglé el cabello, volví a mi dormitorio y me senté en la cama. Pensé en por qué y cómo habíamos llegado a esa situación. Me sentía agotada, sin esperanza y sola. A pesar de estar con mis padres y mi hermana, cada uno andaba en su mundo. Opté por mantenerme en silencio y tratar de procesar lo ocurrido. María Julia observaba todo mientras veía televisión para estar al tanto, aunque no decía nada, eso nos sirvió como terapia a ambas y escapatoria de la realidad.

Los días siguientes al embargo, decidí mantener un perfil bajo y no preguntar nada para no agregar tensión o preocupación. De repente, mi padre apareció con un pequeño y viejo auto. Salí a inspeccionarlo tratando de averiguar qué hacíamos con él. No era lo suficientemente grande como para usarlo de transporte público, y la verdad, no le daba ni una semana de vida. No necesité decir una sola palabra. Mi rostro lo decía todo. "Claudia, con este carrito haré taxi", me dijo mi papá. Sentí un torbellino de emociones. Por un lado, admiración por dejar su orgullo de lado. Él un profesional y reconocido empresario, al que muchos acudían para pedir apoyo, sería taxista. No hay nada de malo en esa profesión pero debe ser difícil el cambio, sobre todo, cuando te has acostumbrado a tener cierto estándar de vida. Al mismo tiempo, sentí tristeza e impotencia, por la idea de verlo exponerse a un trabajo riesgoso y en el que generaría ingresos solo para subsistir. Siendo conscientes de esto, mi hermana y yo no pedíamos nada. Si necesitábamos o queríamos algo, como ropa o dulces, nos las ingeniábamos e intercambiábamos.

María Julia era muy hábil con los números. Mi padre nos daba dinero todas las semanas para nuestros pequeños gustos, pese a los problemas económicos. Yo me gastaba mi parte inmediatamente en cualquier tontería porque siempre fui compradora compulsiva. En cambio, María Julia, desde muy niña sabía ahorrar y guardaba dinero en algún escondite. Un día al salir de la escuela, aparecieron vendedores ambulantes con artículos para estudiantes. Yo no tenía un céntimo así que evité ver lo que ofrecían para no quedarme con las ganas. Mientras esperaba el autobús para volver a casa, noté que mi hermana no estaba a mi lado. Ante la ausencia de una niñera, yo tuve que mantener el cuidado de mi hermana. Corrí a la puerta principal de la escuela y no la vi. Me acerqué a los vendedores, congregados en una esquina, y la encontré sentada en el piso, donde una señora había colocado un plástico para vender tarjetas y calendarios con dibujos de moda. Ella estaba fascinada y me ignoraba a pesar de que yo la apresuraba. Noté que estaba leyendo los mensajes de las tarjetitas y separaba algunas. Me pareció extraño, pues no había forma de pagarlas. "¿Cuánto es?", preguntó María Julia. La señora le contestó y ella empezó a negociar. Me quedé con la boca abierta. No solo porque no sabía de dónde había sacado tanto dinero para una niña de ocho años, sino por ver su talento de negociar. Debo admitir que me moría de la vergüenza al verla regatear pues nunca vi a mis padres hacerlo. Después de varios minutos, la vendedora accedió a la oferta y finalizaron la transacción. A mí me preocupaba mucho el qué dirán, pero todo lo vivido terminó enseñándome a ser valiente y dejar eso atrás. Para ser honesta, no tuve opción. Cuando lo pierdes todo, no te queda otra que dejar de lado lo que otros piensen. Al fin y al cabo, la gente no iba a solucionar mis problemas, ni mucho menos, me daría de comer.

En el camino a casa, ella estaba muy emocionada con sus tarjetitas. Las revisaba meticulosamente, una por una. Con mucho cuidado, las guardó en uno de sus cuadernos y durante todo el trayecto no dijo una sola palabra como si estuviera pensando en algo muy importante. Me pareció extraña su actitud. Claro, las tarjetitas eran llamativas y estaban de moda, pero no era para tanto. Al llegar, se cambió el uniforme, almorzó y apresuradamente fue a nuestro dormitorio. Al ver su apuro, dejé mi comida y la seguí. Sacó su cuaderno y colocó sus tarjetitas con mucho cuidado encima de su cama. Agarró un lapicero y empezó a escribir sobre ellas y a la par escribía en su cuaderno. Desde mi cama, yo trataba de leer, pero mi visión no era tan potente para lograr ver lo que escribía y tampoco me atreví a preguntarle. La vi tan concentrada, que no quise interrumpir. Luego de aproximadamente una hora, guardó todas las tarjetitas en el mismo lugar del que las sacó, volteó a mirarme y me advirtió que no las tocara, con las manos en la cintura y tono de autoridad. La ignoré, me puse de pie y fui a ver televisión, pero no podía dejar de pensar en el misterio de las tarjetitas.

A la mañana siguiente, nos embarcamos en el autobús rumbo al colegio. Mi hermana, por alguna extraña razón, estaba muy contenta. Me pareció raro porque, desde que nos mudamos, teníamos que levantarnos mucho más temprano de lo usual, y casi siempre teníamos sueño y estábamos desganadas. "¿Y a ti qué te pasa?", le pregunté. "¿Y a ti qué te importa?", me contestó. Su buen humor le duró poco. Eso me pasó por andar de curiosa.

Al llegar a las clases, se dirigió a su salón y yo al mío. El día transcurrió como cualquier otro. Con harta distracción, especialmente, si la clase no me gustaba. Los payasos de la clase tenían puras ocurrencias que me hacían reír muchísimo. Fui muy bromista desde chica y me gustaba divertirme. Solía juntarme con los más inquietos de la clase, con esos grupos que solo se enfocaban en hacer travesuras. Al terminar, fui a buscar a mi hermana y la encontré rodeada de varias niñas de su edad. Ellas estaban hablando de algo que parecía importante. La esperé algunos minutos y luego nos fuimos a casa. Yo creí que me mencionaría algo del tema, pero ella estaba callada como una tumba, sonriendo de lado a lado. No le pregunté nada, pero me parecía muy extraña la situación. Esperé a que me contara de qué trató esa reunión con sus amigas, pero no dijo nada.

La mayoría de las noches, María Julia y yo nos quedábamos despiertas hasta tarde para conversar con papá cuando llegaba del trabajo, así sea por unos minutos. Esa noche en particular no fue la excepción. La curiosidad me mataba.

Cuando finalmente llegó, mi hermana sacó una pequeña billetera de su bolsillo y nos enseñó el dinero que había ganado en sus ventas. Me quedé sumamente sorprendida al escuchar que era una comerciante. Al inicio, pensé que era una broma, pero comenzó a detallar de qué se trataba su negocio y todo tuvo sentido, revendió sus tarjetitas y triplicó lo que invirtió en comprarlas. "Papi, mira todo lo que gané. Te puedo prestar, si necesitas pagar algo", dijo María Julia. Pese a que ella opinaba poco y parecía no darse cuenta de lo que pasaba, en ese instante entendí que estaba muy al tanto de todo, ella solo observaba y absorbía. A diferencia de mí que indagaba para obtener más información de todo lo que pasaba. Eso la llevó a tomar la iniciativa de generar ingresos para ayudar. Posiblemente, lo que consiguió le alcanzaba solo para comprar unos helados y golosinas. Yo estaba asombrada por su capacidad de planificar una estrategia para ayudar a mis padres. Mientras que las niñas de su edad jugaban o soñaban con la muñeca de moda, ella ideaba formas para obtener dinero. Mi hermana María Julia, a sus ocho años, me enseñó a ser resiliente y seguir luchando.

Luego del éxito obtenido, mi hermana continuó con su emprendimiento, según ella, para ayudar a mis padres. Cada vez vendía más y ya tenía clientas fijas. Todos los días, al volver de la escuela, contaba su ganancia. Cuando llegaba, cerraba la puerta del cuarto para que yo no vea dónde guardaba su dinero. Yo observaba todo por la rendija de la puerta y descubrí que distribuía su dinero en tres partes: gastos, inversión y ahorro. No sé de dónde sacó esa habilidad financiera a tan corta edad, pero es un talento que hasta hoy le ha traído grandes resultados en su vida personal y profesional. Ella siguió desarrollando su habilidad con los números y estudió contabilidad, y ganó un concurso de manejo de presupuesto.

Todos los días seguía la misma rutina. Se escondía en el cuarto para contar sus ganancias, se sentaba en el comedor a escribir en su cuaderno y esperaba a mi papá para rendir cuentas. Ella, inocentemente, le ofrecía ayudarlo con los gastos de la casa. "Sigue ahorrando", le respondía él, sonriendo.

En cambio, yo gastaba lo que me daban, en antojos, helados o cualquier cosa que se me antojaba. Un día, llegó una señora a la salida del colegio a vender pasteles de todos los sabores. Todos los niños se congregaron y yo estaba en medio del tumulto. Sus postres se veían deliciosos y la boca se me hacía agua, pero solo tenía el monto exacto de la movilidad para regresar a casa. No sabía qué hacer. Mi mente me decía que no compre nada, porque de lo contrario, tendría que volver caminando por más de una hora a casa, pero mi impulso me decía que compre ese pedazo de torta de chocolate con manjarblanco, antes de que los otros niños acaben con todo. Después de varios minutos debatiendo mis prioridades, opté por el pastel. Caminé hacia la parada del bus donde mi hermana me esperaba. Ella me vio y no dijo nada. Yo sabía que, si le pedía dinero para mi pasaje, me mandaría a volar, pero pensé que éramos familia y me respaldaría. Subí al bus sin un centavo, confiando en que ella pagaría mi parte. A unas cuadras de la casa, le conté que no tenía dinero. Ella me miró enojada y me dijo que era mi problema. "¿Para qué te compraste esa torta?", preguntó. Me puse nerviosa. Las manos me comenzaron a sudar y hasta sentí náuseas, algo que hasta hoy me pasa cuando me siento en aprietos. No sabía cómo pagaría mi pasaje. Si no lo hacía, tal vez no me dejarían bajar del bus, me harían un escándalo o, en el peor de los casos, me llevarían a la estación de policía. Todos esos escenarios pasaron por mi mente, y cada vez que el bus se acercaba más a mi destino, sentía como si me fuese a desmayar. Cuando llegamos a nuestra parada, me levanté rápidamente y le dije al cobrador que la niña que venía atrás pagaría mi pasaje, y bajé corriendo. Evité voltear para no ver la cara de furia de mi hermana. Siempre tuve miedo a sus reacciones. Mientras corría hacía mi casa, veía que a mi lado caían piedras grandes. Pensé que era por alguna obra en construcción, pero noté que cada vez estaban más y más cerca de mí. Al girar, vi lo que me temía, su rostro totalmente enfurecido. Parecía poseída. Tenía piedras de todos los tamaños en sus manos y todas iban dirigidas hacia mí. Comencé a correr más rápidamente y mi hermana también aceleró, como si estuviera en una maratón. Estaba aterrada, porque en casa no había nadie que me auxilie. Me sentía en una película de terror, empapada en sudor, por el calor y el pánico. Desesperada llegué a casa y entré a mi dormitorio. Cerré la puerta y me senté detrás, en caso de que ella quisiera tumbarla. Dicho y hecho. Ella empezó a forcejear la puerta con distintas herramientas mientras me gritaba y decía toda clase de adjetivos para describir su coraje hacia mí. Luego de golpear y patear la puerta por más de una hora, se detuvo. Aunque el silencio me alivió, también sentí preocupación. Decidí permanecer en mi cuarto hasta que alguien llegara a mi rescate. Tal vez, por ser un poco más alta que ella, hubiese podido defenderme, pero la verdad es que quería evitar el enfrentamiento. Si le pegaba, me iban a castigar. Por ser la hermana mayor, siempre salía perdiendo.

Después de varias horas, mi mamá llegó y María Julia le contó todo. Cansada de un día largo, mi madre con poco interés en escuchar nuestros dramas, me pidió que por favor abra la puerta. Yo le pedí, por mi seguridad, que esperemos a mi padre, para que ambos pudieran sujetarla. Me gritó: "¡Te dije que abras la puerta!", con un tono de voz que reflejaba poca tolerancia. Sabía que, de una forma u otra, me iba a castigar, así que preferí apresurar el trámite para no ir al colegio con los ojos hinchados de tanto llorar. Procedí a abrir lentamente y con mucho cuidado para prevenir algún ataque. Mi madre sostenía a mi hermana, con la intención de que no se me lance encima. Di algunos pasos hacia adelante, con mucha precaución. Al verme, María Julia pareció revivir el momento en el que tuvo que pagar mi pasaje y, con la mirada llena de furia, luchó para soltarse. En pleno forcejeo, expliqué que hice un mal cálculo, pero que apenas recibiera mi mesada semanal, se lo pagaría. Harta de la situación, mi madre soltó una advertencia hacia mi hermana de que, si me pegaba, la castigada sería ella. Sin embargo, de poco sirvieron sus amenazas. Apenas la soltó. Me jaló el pelo. Tras eternos minutos de dolor, caos y gritos, mi mamá logró desprenderla de lo que me quedaba de cabello. Como era de esperarse, me castigaron por gastar mi dinero de la movilidad. Yo ya estaba preparada, así que no me afectó. Aunque esta traumática experiencia sería para muchos motivos de victimización, a mí me dejó una gran enseñanza. Aprender a contener mis impulsos, especialmente con temas económicos. En mi vida, ese ha sido un común denominador en momentos difíciles y de mucho dolor. Es cierto que el dinero no compra la felicidad, pero también es verdad que, sin él te limitas mucho. La falta de educación financiera te puede llevar a situaciones peligrosas. Si mi hermana no hubiese tenido cómo pagar mi pasaje, no sé qué pudo pasarnos. No solo me puse en riesgo a mí misma, sino también a ella. Es algo con lo que batallo constantemente. Si me gusta o se me antoja algo y pienso en comprarlo, recuerdo esta anécdota y medito sobre cómo mis impulsos pueden afectar a otros. La mayoría de las veces desisto, pero me cuesta muchísimo. Crecí rodeada de excesos, diversión constante y se me impregnó. A veces, tengo momentos de debilidad, pero trabajo constantemente en eso para no cometer los errores del pasado.

Mi mamá empezó a enfermarse repentinamente. Noté que no tenía apetito y lo poco que comía, le caía mal. Estaba demacrada y mucho más delgada. Al inicio, pensé que el causante de su desencaje físico era el estrés y la tensión por la situación que vivíamos. No le tomé importancia porque pensé que era pasajero, pero, a medida que pasaban los días, su condición empeoraba. El mayor síntoma de alarma fue que dejó de ir a sus reuniones sociales. Pese a que ya no teníamos recursos para organizarlas, ella igual solía asistir. Aunque me causaba preocupación, poco después todo se aclaró. Un domingo, mi papá nos llamó a su dormitorio. Él estaba acostado al lado de mi mamá, y nos dijo que tenía una noticia, "Van a tener un hermanito o hermanita". En medio de tanto dolor, caos y sentimiento de desolación, por primera vez en mucho tiempo sentí una alegría tan grande que no me cabía en el pecho. Era el mejor regalo que Dios y la vida me podían haber otorgado. María Julia y yo, comenzamos a saltar sobre la cama, por la emoción. Aunque yo ya estaba bastante grande para eso, no podía contenerme. Sentía como si esa bebé fuera mía. Yo la iba a cuidar y proteger por el resto de mi vida. Después de festejar como si hubiéramos ganado la lotería, llamé a María Julia a un lado y la convencí de usar su dinero en el primer regalo para nuestra futura hermanita. Yo estaba convencida de que iba a ser niña. También con gran alegría, ella fue corriendo a su escondite y sacó varias monedas y billetes, y me preguntó si era suficiente. "¿Es lo único que tienes?", repliqué. Me contestó que no, pero que no quería gastar todo. Como mala influencia que era en el aspecto financiero, traté de convencerla de que gastara más, pero ella se mantuvo firme. Sin querer perder más tiempo, agarré el dinero y salí cantando y saltando del apartamento con dirección a la farmacia que quedaba en la esquina. María Julia me siguió. Por mi mente, pasaban imágenes de esa linda bebé y todo lo que haríamos juntas. Al llegar a la farmacia, me dirigí a la sección de bebé. Además de vender medicinas y vitaminas, las farmacias en Perú también tienen una pequeña sección para los más pequeños, como pañales, cremas para la escaldadura, mitones y más. Yo estaba fascinada. Sabía que, a partir de ese día, me convertiría en clienta fija. Mi ilusión disminuyó un poco cuando vi los precios. Decidí comprar un biberón porque era lo primero que iba a necesitar, pero también porque era lo único que podíamos pagar. Volvimos a casa, sumamente emocionadas, para mostrar lo que habíamos comprado. Luego, me dirigí rápidamente a mi armario y moví ropa y juguetes que ya no usaba, para hacer espacio en uno de los cajones. Coloqué el biberón ahí y designé ese pequeño lugar para organizar las cosas que le compraríamos a la princesa de la casa.

Cuando la fecha de parto se aproximaba, noté que mis padres estaban muy preocupados por los gastos del hospital. En esos tiempos, salvo que trabajaras en una gran corporación, eran muy pocos los que tenían seguro médico. En mi familia, al ser trabajadores informales, no tenían esa clase de beneficios. Era casi imposible juntar dinero para pagar un hospital. No lo hablaban, pero yo sabía que, en su momento, sería complicado. Mi mamá no dejó de trabajar hasta poco antes de dar a luz. Trabajó hasta cuando ya no podía caminar por el dolor en la parte baja del abdomen. Yo no sabía qué hacer para asistirla. Dichosamente, mi padre llegó por ella al caer la noche. Yo fui a sacar la bolsa con todas las cosas que necesitaría la bebé, incluido el biberón. Le dije a María Julia que había llegado la hora. Emocionada, ella se puso un abrigo y los zapatos. En cuestión de segundos, ya estaba lista. Bajamos al coche que mi papá alquilaba para hacer taxi y nos dirigimos al hospital. En el ambiente se percibía la preocupación. Mis padres hablaban en voz baja y yo no podía escuchar lo que decían, pero me sentía tan feliz que quise disfrutar plenamente de la llegada de mi amada bebé. En todo el camino, me desconecté y solo imaginaba a la pequeñita en mis brazos. Al llegar al hospital, mi papá estacionó y nos dijo que esperemos dentro del automóvil. Me pareció extraño, ya que mi mamá tenía varias horas con dolor y contracciones, pero no cuestioné para no dar fastidios. Después de unos minutos salió, con el rostro pálido, entró al auto y dijo que iríamos a otro centro de salud. "¡¿Por qué?! ¡La bebé está a punto de nacer!", exclamé en voz alta. En un tono muy tranquilo, mi papá me contestó apacible, no sé si por cansancio o porque quería mantener la calma: "Todo va a estar bien, Claudia". De inmediato, sentimientos de culpa me invadieron. Siempre me sentí responsable de las cosas que nos pasaban. Pensé que si hubiese intervenido cuando mis padres hacían gastos innecesarios, todo ese dinero se habría guardado para momentos como ese, en el que toda la alegría se transformó en desesperación. Recorrimos la caótica Lima en busca de algún hospital que pudiese atender a mi mamá. Cada vez que llegábamos a uno nuevo, yo cerraba los ojos y le suplicaba a Dios que por favor hiciera uno de sus milagros. Pero era en vano: mi padre salía con el mismo rostro de decepción y no hacía falta preguntar por qué. Las horas corrían y la situación parecía de nunca acabar. Mi mamá gritaba del dolor y yo sentía su angustia. Me dolía el estómago y la cabeza, las manos me temblaban y la cara se me adormecía. Me sentía fatal. Me sentía agobiada, como si Dios se hubiese olvidado de nosotros. Ya no tenía esperanzas. Sin embargo, y aunque fue una de las experiencias más duras que me tocó vivir, nunca me quebré. Veía el rostro asustado de María Julia y logré contener todos los dolores externos e internos que sentía. Me acomodé, enderecé la espalda y puse la mirada hacia el frente, como si me dirigiera a algún combate de guerra, sin derramar una sola lágrima y lista para afrontar lo que venga. Mi hermana me miró, confundida. Cuando vives momentos dolorosos, es difícil tomar decisiones acertadas. Yo sentía mil emociones a la vez. La vida me estaba dando una probadita de que no todo es lineal. Siempre habrá altos y bajos, y lo importante es cómo manejas esas situaciones, eso es lo que hace la diferencia. Entonces, opté por controlar lo único que, en ese momento, podía; mis emociones. Me puse fuerte no solo por mí, sino por María Julia. Aunque no hablábamos ni una sola palabra en el trayecto, yo quería que me vea fuerte e inquebrantable, para transmitirle la poca fortaleza que tuviese en ese momento. Era lo único que podía hacer. No sé si funcionó pero, por lo menos, no la vi llorar y eso me reconfortó mucho.

Ya cuando mi mamá no daba más, tras muchas horas de intolerable dolor, llegamos a un centro médico ubicado en el centro de Lima. Ahí bajamos todos del auto. Sentí que, por fin, la agonía había terminado. Inmediatamente, me invadió la alegría. Veía luz al final del túnel. En poco tiempo, tendría a la bebé en mis brazos. La sala de espera estaba repleta de gente. Hasta ese momento, yo nunca había estado en una sala de emergencia, ya que, desde que nací, el doctor Miranda nos había atendido en nuestra casa. Todo era una experiencia nueva para nosotras. El sitio era poco agradable y todas las personas nos miraban de forma extraña. Mi papá nos llevó a un lado, jaló dos sillas y nos dijo que no hablemos con nadie, mientras él acompañaba a mi madre para que la registren. Por sus palabras, supe que no era un sitio seguro. Yo no sabía hacia dónde mirar, porque todos parecían molestos o fastidiados. Nos quedamos como momias, mirando la pared verde y despintada que teníamos al frente, sin pestañear. De pronto, una señora que llevaba un bulto amarrado en la espalda se nos acercó. "¿Están esperando a alguien?", preguntó. Me sentí en la obligación de responderle por educación, pero, al mismo tiempo, no quería desobedecer a mi padre. Apenas unos segundos después, mi padre apareció. "¿La puedo ayudar en algo?", le dijo. La mujer sonrió y se alejó. En ese momento me di cuenta de que posiblemente esa señora no tenía buenas intenciones. Según el Registro Nacional de Información de Personas Desaparecidas de la Policía Nacional del Perú, se reportan más de treinta desapariciones de menores por día. Una cifra alarmante. Aunque el reporte fue publicado en 2022, es una problemática que se arrastra hace muchos años. De inmediato, mi padre nos tomó de la mano y empezó a caminar. Nos informó que mamá se quedaría ahí y nosotros iríamos a casa. Me sentí bastante decepcionada, pues quería estar presente en el nacimiento de la bebé. Le propuse quedarme a cuidarla, pero tajantemente me dijo que no. Sin otra opción, llegamos al departamento, me puse mi pijama y me metí a la cama. Aunque fue en vano, porque no pude cerrar los ojos en toda la noche. Me la pasé reflexionando sobre la difícil y ajetreada noche que habíamos vivido. A la misma vez, contaba las horas para tener a mi hermanita en brazos.

Por la mañana, nos dirigimos a la casa de mi tía Lucero, esposa del hermano favorito de mi mamá, ya que ambos tienen la misma personalidad. Ella era una de mis tías más graciosas. Me encantaba visitarlos porque la pasaba muy bien con mi prima Marianita. Al llegar, mi padre pidió que nos cuidaran, mientras él iba por la bebé. La emoción no cabía en mi pecho. Contaba los minutos para verla. Antes de irse, mencionó que aún no habían elegido un nombre. A mí se me ocurrían muchísimos, pero ninguno que realmente me gustaba. "Diana Carolina", dijo mi tía, en honor al nombre de la primera actriz de una popular telenovela venezolana de la época. "¡Es perfecto!", respondí. La conversación terminó y mi padre se fue. La espera se me hizo eterna.

Horas después vi el auto llegar, corrí con desesperación. Eran muchos los sentimientos que me invadieron. Estaba feliz, emocionada, desesperada y llena de planes de todo lo que haría con la bebé. Mientras estacionaba el coche, yo corría al lado del copiloto, para poder verla. Sabía que era peligroso correr al lado del coche en movimiento, pero me importó muy poco. Cuando, finalmente, paró, abrí la puerta y lo que vi fue mágico. Cubierta con una mantita amarilla, estaba una pequeñita de mejillas rosadas, ojos achinados y frente amplia. Tenía las manos juntitas, como si estuviera rezando. Era un angelito que Dios me había enviado para proteger, cuidar y querer más que a mi vida. Esa fue la promesa que me hice en ese momento mágico. "¿La puedo cargar?", le pregunté a mi mamá. Ella accedió, cansada y demacrada. Con muchísimo cuidado, la sostuve en mis brazos y caminé hacia la sala de mi tía Lucero. Ya adentro, me senté y la miré fijamente durante varios minutos. María Julia, como siempre, estaba detrás de mí, viendo lo que hacía. Mis tíos y mi prima también se acercaron. En ese instante, sentí un lazo muy especial con esa bebé. No precisamente el de una hermana, sino algo mucho más fuerte.

Todos conversaban y yo seguía cargándola. No podía creer que finalmente tenía a mi hermanita en mis brazos. Estaba fascinada, observando sus pequeños movimientos y disfrutando minutos de tranquilidad. Después de una noche tan ajetreada y caótica, se transmitía una paz que era indescriptible. Para mí, fueron segundos de intensa reflexión sobre lo que es la vida. Un día sientes que la vida es injusta y que te ahorca hasta no poder respirar y al otro día te da bendiciones en un abrir y cerrar de ojos. El arcoíris después de la tormenta era exactamente lo que sentía.

Con las semanas, fui aprendiendo a hacer cosas nuevas, como bañarla, teniendo mucho cuidado con su cabecita. Limpiarle el ombligo con delicadeza, mientras se le caía parte del cordón umbilical. Cambiarle los pañales, que no eran desechables, sino de una tela gruesa que se lavaba a mano con un jabón especial, para evitar la irritación en su piel. Disfruté de todo ese proceso. Cuando mi mamá volvió al trabajo, me quedé al cuidado de ella. Tenía mis rutinas muy estructuradas para cumplir con mis labores escolares y cuidar no solo a la bebé, sino también a María Julia, pues era aún una niña pequeña. Al ser la hermana mayor, mis padres delegaron en mí la tarea de protegerlas y cuidarlas como ayuda mientras ellos iban a trabajar. Aunque ponía mi mejor esfuerzo para aliviar las responsabilidades de mis padres con las labores del hogar, los problemas de dinero iban en aumento. Cada día teníamos menos. A veces, mi padre ya no podía rentar el taxi y caminaba varios kilómetros hasta la casa de mi abuelita paterna para conversar con ella, pensando en cómo acabar con esta mala racha. Mi hermana y yo dejamos de estudiar temporalmente porque mis padres no podían continuar pagando las mensualidades del colegio. El alquiler del departamento tampoco pudimos cubrirlo más, así que nos fuimos sin despedirnos de nuestras nuevas amistades a un lugar mucho más aislado. Es cierto que yo no quería mudarme porque tenía un nuevo grupo de amigos y recién me estaba adaptando al nuevo lugar, pero también me importaba tener paz. No me interesaba vivir debajo de un puente, con tal de estar tranquilos y cuidar a mi bebé.

Capítulo Siete

EL PODER DE LA RESILIENCIA

Nuestra supuesta nueva casa era inmensa y muy peculiar. Tenía una puerta enorme, color marrón claro y estaba ubicada al final de una carretera que todavía seguía en construcción. Los pocos autos que transitaban por allí levantaban olas de tierra y polvo que se divisaban a metros de distancia. Al entrar, nos recibió una señora de contextura mediana, cabello ondulado y unos cuantos dientes que le brillaban desde lejos. Era la primera vez que vi a una persona con dientes de oro. "¿Habrá nacido así?", pensé. Me impactó tanto, que, mientras nos daba la bienvenida, yo solo le miraba la boca, sin escuchar una sola palabra de lo que decía. Recién varios segundos después de estar hipnotizada, me percaté de que tenía un acento bastante exótico de la selva que se me hizo muy fácil de reconocer. Era muy amable y tres chicas muy guapas estaban detrás de ella, eran sus hijas. Sonia, Jade y Marlene. Su esposo, Benancio, era un señor gordo de tez clara. Tenía un aire a Cantinflas*, pero con sobrepeso. Su acento al hablar, parecía que era de la sierra peruana. Me pareció lindo que estén casados, pese a tener costumbres distintas. Siempre admiré a las parejas disparejas.

Los seguimos a todos en el tour de bienvenida. La casa era muy espaciosa, pero no veía áreas comunes como sala, cocina o comedor. Tenía tres niveles, pero lo único que se compartían eran los baños y los largos pasadizos. Al llegar a la azotea, encontré un perro negro y grande, de raza dóberman. La señora lo bautizó como Damián. El perro se nos acercó e inclinó su cabeza para que lo acaricie.

* Un personaje famoso mexicano de baja estatura, con un pequeño bigote, el pantalón caído y tirantes para sostenerlo. Habla de manera disparatada e incongruente y sin decir nada con sustancia.

Miré a la dueña y me dio luz verde para hacerlo. Tuve una conexión con el perro rápidamente y supe que seríamos buenos amigos.

Luego de todo el recorrido, nos llevaron a dos dormitorios, que estaban uno frente al otro, y le dieron un juego de llaves a mi papá. Yo estaba totalmente confundida, pero nuevamente opté por no hacer preguntas. ¿Cómo íbamos a vivir en una casa con más de diez cuartos y con los dueños ahí? De repente, apareció mi tío Martín y sentí un gran alivio. Sabía que me explicaría lo que estaba pasando. Mi padre tenía el rostro ido y mi madre no expresaba nada. Estaba como una momia, sin moverse ni pestañear. María Julia solo miraba todo con curiosidad. Todo era nuevo. La casa, la ubicación, las personas.

"¿Qué está pasando?", le pregunté a mi tío.

"¡Claudita, van a vivir conmigo!", me contestó emocionado.

"¿Cómo vamos a vivir con usted y los dueños?", le pregunté nuevamente, incluso más confundida.

Él me explicó que esa casa era una especie de hotel y que los dueños rentaban las habitaciones a diversas familias, pero que todos los huéspedes eran personas honestas y de suma confianza. Me recalcó que, como siempre, él iba a cuidar de nosotras. Que nada malo nos pasaría y que nuevamente viviríamos bajo el mismo techo.

Así fue. En cuestión de horas nos instalamos en los dos cuartos. Uno era para dormir y el otro para usarlo como cocina y comedor. Sin duda, ese nuevo lugar sería una aventura. Las primeras semanas tuvimos mucha cautela. A mi papá no le gustaba que yo hablara con extraños, pero al poco tiempo fui conociendo a todos los que habitaban la pensión y sus rutinas. Las hijas de la señora con dientes de oro se levantaban muy temprano para ir al mercado y preparar su comida. Tenían una cocina grande en el primer piso y cada vez que cocinaban, el olor penetraba todos los alrededores. Además de guapas, eran muy divertidas. Siempre se reían a carcajadas y bromeaban, mientras hacían las labores de su hogar. Yo permanecía arriba cuidando a mis hermanas cuando mis padres trabajaban, me entretenía mucho con sus conversaciones y con los chismes de quienes vivían ahí. Como nuestro cuarto estaba ubicado justo arriba de su cocina, escuchaba absolutamente todo. Después conocimos a otra señora, que vivía con sus dos hijas, de uno y cuatro años. No recuerdo su nombre, pero sí lo organizada y limpia que era. Todos los días, a la misma hora, se dirigía a la azotea a lavar su ropa, los pañales de su bebé y los alimentos que usaría para cocinar. Las pocas veces que dejaba la puerta de su cuarto abierta, vi que todo estaba perfectamente ubicado. Su habitación parecía un pequeño apartamento. Había asignado diferentes espacios para distintas funciones. Por ejemplo, tenía un comedor que había apartado con separadores de pared pintados de un color que combinaba con sus muebles. Además, la habitación tenía siempre un agradable aroma a canela. Ella hervía agua con especies aromáticas todas las mañanas, era fascinante pasar por ahí. Yo pasaba mucho tiempo en el piso de arriba atendiendo a Damián. Tenían al perro solo con pocos cuidados, día y noche. Mientras yo jugaba con él, observaba meticulosamente a la señora lavar su ropa. Ella remojaba la ropa en agua durante unas horas. Luego, regresaba con un jabón que parecía un ladrillo, para frotar cada prenda, una por una. Las enjuagaba todas y las colgaba en un cordel instalado con una especie de cable de metal extendido de extremo a extremo, que los inquilinos podíamos usar con libertad.

Una vez, le pedí a mi padre que me compre un jabón para lavar ropa. Él se sorprendió con mi pedido y me preguntó para qué lo quería. Muy emocionada, le dije que había aprendido a lavar la ropa y como mi mamá trabajaba todo el día y solo podía lavar los fines de semana, quería ayudar con esa labor. Luego de reírse, me dio unas monedas para comprar el jabón. Al día siguiente, recogí toda la ropa sucia que encontré y la coloqué en un balde. Hasta ese entonces jamás había lavado ni los vestidos de mis muñecas. Era una experiencia totalmente nueva y estaba muy entusiasmada. Subí a la azotea y María Julia fue detrás de mí para observar todo lo que hacía. Empecé a lavar, siguiendo cada movimiento que hacía la señora del cuarto bonito. Cuando vi el resultado, me sentí más que feliz. No podía creer que había lavado más de diez prendas con mis pequeñas manos. A mi parecer, lo hice bien. Como era muy pequeña agarré varios ladrillos que encontré por ahí y, tras colocarlos uno encima del otro, me trepé para poder colocar todo en el colgador. En ese tiempo, las secadoras no eran muy populares e imagino que eran costosas. Mi hermana, sentada en el piso, observaba detalladamente con cierta fascinación. Nosotras encontrábamos diversión en todo. El lavar ropa no solo era un entretenimiento, sino que me hacía sentir útil y me servía como terapia y distracción a los problemas. Al ver que las cosas no iban a mejorar, decidí adaptarme y sacar lo mejor de la situación, en vez de quejarme y lamentarme.

Al día siguiente, luego de darle el biberón y cambiar el pañal de Diana, me fui corriendo a la azotea para recoger la ropa que había lavado. Al terminar, bajé al cuarto y extendí cada prenda en la cama. Ya estaba limpia, seca y con un olor agradable, pero no tenía idea de cómo plancharla. Es más, ni siquiera sabía cómo manejar una plancha. "No te acerques porque te puedes quemar", es lo que siempre me decían Esther y las personas que trabajaron en mi casa. Me dirigí a la cocina, donde estaban las cajas con las pocas cosas que no vendimos y tras buscar en cada una, encontré lo que estaba buscando. Con plancha en mano, regresé a la habitación y comencé a inspeccionar el aparato. Tenía distintos números, escritos alrededor de un círculo, y una flechita que apuntaba al nivel de calor que se buscaba. "No te acerques a la plancha porque te puedes quemar", resonaba en mi mente. Regulé la temperatura, a la más baja, y procedí a planchar con extremo cuidado. No sabía si existía una técnica o un proceso determinado para hacerlo. Simplemente, pasaba el artefacto por donde veía arrugas. Todo sobre la cama, pues no tenía idea ni de dónde ni de cómo armar la tabla de planchar. Cuando terminé, guardé toda la ropa en los pocos armarios que teníamos. Toda esa odisea de lavar, tender, descolgar y planchar me tomó casi dos días. Nada mal para ser la primera vez. Una vez que concluí, me sentí feliz y capaz. Sabía que por lo menos, mis hermanas y yo siempre tendríamos ropa limpia y planchada de ahora en adelante.

Todos los días había algo por aprender o algún chisme que corría por los pasillos de la pensión en la que vivíamos. Nunca me aburría. Sin embargo, notaba a mi mamá más aturdida de lo normal. Era evidente que había bajado mucho de peso, lo cual era de esperarse, por la situación que atravesábamos, pero había algo más. Su cabello ya no tenía ni el volumen ni el color azabache brillante que la gente siempre admiró. Cuando se peinaba, era como si el peine tuviese una máquina de afeitar incorporada, los mechones se le caían excesivamente y cada vez más. Ella se miraba al espejo y se peinaba con mucho cuidado, para evitar perder más cabello. Intentó diferentes aceites y tratamientos capilares que le recomendaban, pero nada funcionó. Era realmente triste verla. Lloraba mucho y todos los fines de semana salía. ¿A dónde? No lo sé, pero imagino que era su forma de huir de los problemas y del hecho de perder uno de los atributos más preciados de las mujeres. Conforme pasaron los meses, quedó con menos de la mitad de su cabellera y tuvo que empezar a usar sombreros. Los vecinos murmuraban que era producto de una brujería. En Latinoamérica y en otras partes del mundo, la práctica de la brujería o santería es bastante común. Consiste en rituales de magia negra, para hacer daño o para mejorar situaciones difíciles a las cuales no se encuentra solución. Si funciona o no, no lo sé, pero es una práctica popular.

Poco a poco, mi hermana y yo nos fuimos adaptando a la pensión. Aprendimos a lavar ropa, a hacer los quehaceres del hogar y a preparar postres. Desde niña, siempre fui muy activa. El estar acostada en cama o viendo televisión por horas era una tortura para mí. Constantemente, buscaba cosas para hacer o aprender. Me sentía toda una ama de casa. Me gustaba mucho ese rol y tener el control de mi hogar. Pero por momentos sentía que la responsabilidad de cuidar y proteger a mis hermanas menores era mucho para una niña de doce años pues cuidar de tus hermanas menores no es fácil, sobre todo en un país en el que el crimen es algo común. Además, vivía en un sitio con muchos personajes coloridos. Todos aparentaban ser buenos, pero uno nunca sabe sus intenciones. No podía ni pestañear. Tenía que estar siempre alerta. Entre todo encontraba la forma de hacer cosas que hacían las niñas de mi edad, como jugar. Si bien no podía jugar al aire libre, porque el sitio donde vivíamos no era seguro, por las tardes escribía poemas en un cuaderno, mientras la bebé dormía. También me gustaba ir con mis hermanas al primer piso, donde se reunían algunas parejas a jugar casino. Ponían monedas en el medio de la mesa y el ganador del juego se llevaba todo el dinero. Yo llegaba con una silla, un biberón y algunos juguetes para que mis hermanas se entretengan, mientras que yo observaba la dinámica del juego de casino. Para nosotras, eso se volvió una rutina. Yo tomaba nota mental de los trucos, del conteo de las cartas y de las diversas expresiones de los jugadores, especialmente cuando ocultaban tener las mejores cartas, el conocido *poker face*. Mi tío Martín iba constantemente con su, entonces, esposa, por lo que me sentía segura en ese ambiente. Tras varias semanas aprendiendo las reglas, se me ocurrió la idea de participar en el juego de casino con María Julia para entretenerme y generar dinero para ayudar a mis padres. Una mañana, le pedí a mi padre que me preste unos cuantos soles, con la promesa de retornarlo con intereses. Él me dio unas monedas y un beso en la frente, se rió y se fue. Yo corrí al primer piso de la pensión y toqué la puerta del cuarto de mi tío Martín. Eran casi las seis de la mañana.

"Claudita, ¿estás bien?", me preguntó, con un ojo abierto y el otro cerrado.

"Mi papá me dio permiso para jugar con ustedes y tengo dinero para apostar", respondí, emocionada.

"Ya Claudita, anda a dormir", me contestó.

No sé si realmente me escuchó o solo me siguió la corriente por el sueño que aún tenía, pero yo regresé a mi cuarto saltando de alegría. Entré, desperté a María Julia y le conté que empezaríamos a ganar mucho dinero. Ella me miró con cara de querer pegarme por despertarla, así que me senté en el otro extremo de la cama. Le detallé paso por paso lo que tenía que hacer en el juego y me fui a bañar, cantando mis canciones favoritas de salsa. Posiblemente, desperté a todos los inquilinos de la pensión, porque el canto nunca fue ni será uno de mis talentos. Me cambié y me peiné con mi colita súper apretada, asegurándome de que ningún pelo estuviera parado porque yo siempre andaba bien vestida y arreglada. Con o sin dinero, mi apariencia es algo que siempre he cuidado.

Mientras hacía los quehaceres y seguía mi rutina diaria, contaba las horas para bajar a jugar casino y pensaba en todas las estrategias que pondría en práctica. Tenía ya la silla lista, junto a una bolsa con el biberón, pañales y juguetes para Dianita. Una vez que llegó el momento, nos dirigimos al cuarto de mi tío Martín. "¡Ya es hora del juego!", grité, mientras tocaba su puerta. Él la abrió, riéndose. Colocamos las sillas lo más cerca posible a la mesa y le colocamos, encima, unas almohadas, para tener mayor visibilidad. Como éramos bajitas, estaríamos en desventaja, así que esa fue la solución. Con emoción, le enseñé a mi tío el dinero que mi papá me había dado.

"Claudita, ¿le has pedido permiso a tu papá?" me preguntó.

"Sí", le respondí con seguridad.

No le había dicho a mi papá exactamente que jugaría casino, pero, de cierta forma se lo insinué. Así que para mí era suficiente. Dudoso, mi tío Martín volvió a preguntarme y yo insistí. "No te preocupes", le dije.

A medida que iba jugando, aprendía más y más. Para mí, era importante no solo ganar, sino también la sensación de aplicar lo aprendido. Me sentía capacitada y segura de mí misma. Todas las noches planeaba mis juegos.

Con el paso de las semanas, creé una especie de adicción al juego de cartas. Cuando mi padre se dio cuenta, me pidió que parase. Eran juegos para adultos y, salvo mi tío Martín, el resto eran personas que participaban en el juego eran desconocidas. Le pedí que no me prohibiera jugar. Lo haría con menos frecuencia, además, no había descuidado a mis hermanas y merecía distraerme de vez en cuando. Él, siempre consentidor, me permitió continuar con cautela. Además de dominar las reglas, aprendí expresiones y chistes que despertaron en mí un sentido del humor y chispa especial.

Mi vida era rutinaria. Mis padres trabajaban todos los días y no había mejora, ni esperanza de regresar al estilo de vida que disfrutamos por muchos años. Una mañana, de repente mi tía Priscilla llegó. Era una de las hermanas de mi mamá, una mujer muy dedicada a su hogar, costurera (talento que muchas de mis tías heredaron de mi abuelita) y excelente cocinera, pero estaba unida a un hombre que la maltrataba física y mentalmente. Un verdadero salvaje. En esos tiempos, la violencia doméstica era un tema tabú. No existían organizaciones ni leyes que protegieran a las víctimas de estos abusos. Lamento no haber podido hacer nada por ella.

Ese día, llegó con un sobre en la mano, sudando y evidentemente alegre. Se acercó corriendo y me preguntó por mi mamá. Le contesté que estaba trabajando.

"¡Claudita, se van a Estados Unidos! ¡Les llegó su residencia!" dijo, emocionada.

Para ser honesta, no sentí absolutamente nada. No entendía lo que significaba. ¿Iría a visitar a mi familia? ¿Nos iríamos a vivir? Estaba totalmente confundida. Antes de despedirse, mi tía me dijo que apenas llegue mi madre le diga que vaya a su casa a recoger la carta de migración. Así fue. Continué con mi rutina y preparé a mis hermanas para que se vayan a dormir, mientras esperaba para dar la buena o mala noticia de la residencia. A las pocas horas llegó mi madre y le conté. ¡Cómo se alegró! Respiró tan profundo que podías entender que sintió alivio por primera vez después de tanto tiempo de incertidumbre. Con una sonrisa en el rostro me dijo que iría por la carta al día siguiente lo más temprano posible. Yo no pregunté nada y decidí esperar a mi papá, para que me explicara. Él cuando escuchó la noticia, se sentó y respiró hondo, muy hondo. Al igual que mi mamá percibí una sensación de alivio. Como si, finalmente, viera una luz al final del túnel. Recuerdo perfectamente ese momento. Las palabras estaban de más.

Al día siguiente, mi madre fue a casa de mi tía Priscilla y recogió la carta. En un abrir y cerrar de ojos, mis tías desde Estados Unidos tramitaron todos los pasajes para residir allá. Todo pasó sumamente rápido y yo tuve muy poco tiempo para procesar lo que estaba pasando y lo que eso significaría para nuestra familia. Al enterarme de que mi padre no viajaba con nosotras, me sentí triste y sin ganas de irme. Él es una de las personas más importantes para mí y yo no imaginaba una vida sin él. Pese a la situación en la que nos encontrábamos, yo era feliz. Tenía a mi familia que me quería y me protegía. Había perdido todo lo material, pero nunca me faltó amor.

Mi padre nos explicó que nos íbamos a separar pero que era lo mejor para nosotras. Nos dijo que en Perú no teníamos futuro y que, por más que él trataba, las cosas no iban a mejorar. A mí me dolía el pecho de tanta tristeza. Lo abracé y le prometí que volveríamos a estar juntos, que cuidaría a mis hermanitas y que no se preocupara por nada. Casi toda mi familia llegó al aeropuerto, los tíos, primos y abuelito, parecía una procesión. Yo sentía un nudo en la garganta que me impedía hablar. Mi papá, mientras cargaba a Dianita y tomaba de la mano a María Julia, se agachó, me abrazó fuertemente y empezó a llorar. No tuve el valor de verle el rostro y fui corriendo detrás de mi mamá para abordar el avión.

Capítulo Ocho

ESTADO UNIDOS DE AMÉRICA

El viaje fue largo y silencioso. Mis hermanas y mi mamá no dijeron ni una palabra. Yo estaba triste, pero contenía mi pena para que nadie la notara. Al llegar a nuestro nuevo destino, Estados Unidos, en el aeropuerto nos recibieron el tío Jerry, mis primos y mis tías Renata y Angie, quienes me abrazaron tan fuerte que me sentí reconfortada y bienvenida en un país totalmente extraño y desconocido para mí. Todos lucían muy felices, como si hubiesen estado esperando ese día por mucho tiempo. Luego de todos los saludos y las lágrimas de alegría, nos dirigimos a donde vivía mi tía Angie. María Julia no aguantó y rompió en llanto. "Todo va a estar bien. Estaremos todos unidos", le dijo mi tía. "Extraño a mi papá", respondió ella.

Cuando llegamos a su casa, noté que era realmente hermosa. Tenía adornos antiguos, muchos dormitorios y una cocina inmensa con vista a la piscina. Como era de noche, se veía completamente alumbrada por dentro y por fuera. Con mucha emoción y una sonrisa que no le cabía en el rostro, mi tía nos llevó a que conozcamos nuestro dormitorio. Las camas tenían cobertores con estampados de rosas y las almohadas tenían fundas con la caricatura de Snoopy. Las dos eran exactamente iguales. Supongo que, como mis padres siempre nos vistieron idénticas, ella pensó que mi hermana y yo teníamos los mismos gustos. Yo pensaba que eso quedaría enterrado en Perú. En el armario habían abrigos, pijamas y botas para la nieve. Mi tía nos había comprado muchísima ropa, especialmente de invierno. Me sentía feliz por todas las atenciones y regalos. El cariño de mi familia me hizo sentir bienvenida. En cierta forma, alivió el dolor de dejar a mi padre y el único lugar que conocía como hogar, mi Perú.

Los primeros días viviendo en un nuevo país fueron bastante ajetreados. Mis tías se encargaron de llevarnos al dentista y doctores, además de procesar toda la documentación necesaria para que ingresemos a la escuela. Cuando tomé la evaluación de matemáticas para que me asignen al nivel que me correspondía me dieron una calculadora para tomar el examen. Jamás había usado una en Perú. No sabía ni cómo utilizarla. Allá todo era habilidad mental y memorización. Yo sabía la tabla de multiplicación y hacía todas las operaciones en mi cabeza. Inclusive, teníamos concursos de quién resolvía los ejercicios más rápido en la pizarra. Miré el aparato con asombro y pensé que tal vez se habían equivocado. Le hice una seña a la instructora con la mano. Ella se acercó y yo se la entregué. Me miró fijamente y me la volvió a dar. Confundida, sentí que me estaba dando algún tipo de ventaja para que sacara un puntaje alto. Me sentí ofendida. La apagué, la coloqué a un lado y empecé con la evaluación. Nunca me gustó copiar en los exámenes ni mucho menos que me den ventaja. Siempre quise competir al mismo nivel de todos, así obtuviera la menor calificación.

Al concluir con las evaluaciones de inglés y matemáticas, la instructora le informó a mi tía que debía ingresar al curso de inglés como segunda lengua, ya que mi escritura era muy buena, pero necesitaba reforzar en la parte oral. Cosa que atribuyo a Ms. Elizabeth, mi profesora de inglés, quien me enseñaba lo mismo todos los años: "I eat spaguetti", "I ate spaguetti" y "I will eat spaguetti". Nada más que conjugar verbos. Ms Elizabeth, si está leyendo esto, por favor, devuélvale el dinero que mis padres le pagaron por años, porque era lo único que sabía decir cuando llegué a Estados Unidos. ¡Qué horror! En matemáticas, mi puntaje fue bastante alto, por lo que me asignaron un nivel superior en las clases regulares, con niños que hablaban inglés fluidamente. La instructora me felicitó y, mientras guardaba la calculadora en su cajón, me sonrió. Yo le sonreí de regreso con un gesto sarcástico.

Mi hermana no corrió la misma suerte. Le asignaron todas sus clases en el nivel ESL (inglés como segunda lengua). Yo no entendía nada de eso ni me importaba. Solo estaba ansiosa por empezar a estudiar, aprender otra cultura y hacer nuevos amigos. Mi tía Angie nos enseñó dónde debíamos tomar el bus y cómo usar las tarjetas de almuerzo porque en las escuelas públicas de Estados Unidos hay cafeterías y puedes comprar lo que se antoje. Si la comida no te gusta, hay máquinas de golosinas y gaseosas. Para mí eran una novedad total. Ingresabas dinero por una rendija, seleccionabas lo que querías presionando un botón, el producto caía y lo recogías por una ventanilla. Era muy entretenido ver el proceso. Como típica niña de los ochenta, yo no tenía experiencia en temas tecnológicos. Todo para mí era nuevo. En las clases conocí a muchas personas de diferentes partes del mundo pero me hice muy amiga de una dominicana llamada Giani y de una peruana llamada Victoria. Giani era una mulata muy guapa y alta, amigable y con paciencia única. Cada vez que yo no entendía lo que la maestra decía, ella me lo traducía en simultáneo. Yo estaba muy agradecida. Sin ella, se me hubiese dificultado mucho comunicarme. Por el contrario, Victoria era muy callada y delgada. Llevaba siempre su jean pegado y andaba maquillada. Las tres llevábamos varias clases juntas y congeniamos. Más adelante, conocí a los 'vivos' de la escuela. Mejor dicho, los que se creían los más 'vivos', los payasos, los malcriados. Me sentaba junto a ellos para reírme de sus chistes y burlarme de todo lo que hacían. Giani y Victoria me advirtieron de la existencia de pandillas, concepto que se conoce como *gangs*. Entendía que en mi país había delincuencia, pero no sabía que existían pandillas. Ellas me informaron que, en la escuela, las pandillas estaban organizadas por centroamericanos, por lo general. Algunas eran conformadas por mujeres. Más que asustarme, me causó curiosidad todo eso. Poco a poco fui identificando a los miembros de estas pandillas, por la forma en la que vestían y las bandanas que usaban en el cabello. Las chicas no tenían más de quince años y, muchas de ellas, eran muy guapas, pero siempre andaban en grupo, nunca solas. Tenían mesas exclusivas para ellas en la cafetería y áreas de las que habían tomado posesión, dentro y fuera de los salones clases. Mis compañeras de clase me contaban las distintas peleas que surgían entre pandillas rivales, pero yo nunca vi una. Al menos no en la escuela intermedia a la que asistía. De hecho, ni siquiera eran personas groseras, sino amables. Pienso que eran adolescentes con problemas de autoestima que debían andar en grupo para sentirse protegidos y aceptados. Esa fue la conclusión a la que llegué.

Me adapté a la moda estadounidense con mucha facilidad. Cambié los pantalones pegados que no me asentaban, por los pantalones *baggy*, que eran dos o tres tallas más grandes. Los usaba a la altura de la cadera y dejaba el abdomen al descubierto. Vestía polos diminutos, usaba labial marrón claro y llevaba el cabello recogido en una cola alta. Todas las chicas teníamos el mismo estilo. Parecíamos clonadas. Yo socializaba bastante y me encantaba conocer a latinos que, pese a que hablábamos el mismo idioma, tenían distintos acentos y costumbres. Se me hacía fascinante aprender lo diversos que éramos. Cada uno era un mundo distinto.

Cierto día, en clase de historia, el maestro trajo una especie de carrito con un televisor. Nunca había visto 'tele' en clases, pero imaginé que, al igual que con la calculadora, eso era algo muy común en el sistema escolar de Estados Unidos. Sin protestar, observé atentamente cómo el profesor conectaba el cable, encendía el aparato en medio del salón y nos pedía que guardemos silencio, porque estábamos a punto de presenciar un evento histórico. Yo no podía contener la emoción. De pronto, apareció en pantalla el presidente William Jefferson Clinton, sudando y con el rostro bastante afligido. Yo no entendía nada de lo que decía porque hablaba muy rápido. Además, a mis compañeros no les importaba lo que pasaba y hacían bulla. Yo era la única hipnotizada, tratando de descifrar qué rayos decía el guapo de Clinton. En sus años mozos, fue muy atractivo. Eso pensaba mi tía Angie, quien lo consideraba su amor platónico. Entre tanto discurso, escuché "Monica Lewinsky". Apunté el nombre y al volver a casa, le pregunté a mi tío Jerry quién era esa mujer y por qué el presidente se veía nervioso al hablar de ella. Luego de reírse, él me contó que, aparentemente, Clinton tuvo una aventura con esa chica y se vio obligado a tocar el tema en un mensaje a la nación. Yo estaba totalmente asombrada. No entendía el sistema escolar y mucho menos que los políticos se dedicaran a engañar a sus esposas. Tenía mucho por aprender.

El tema me intrigó mucho y, por meses, me dediqué a ver noticias y leer artículos en los periódicos que llegaban a la casa de mis tíos. Como mi inglés era bastante básico, le pedí ayuda a mi tío. Mi interés fue tanto, que lo usé en uno de mis proyectos de historia. Lamentablemente, mi profesor me calificó con una "C". No supo valorar mi trabajo de investigación. Igual, a mí no me importó. Me sentía satisfecha con lo hecho y generó en mí un instinto periodístico.

La escuela intermedia fue bastante tranquila. Tuve muy buenos maestros y obtuve el conocimiento necesario para pasar a secundaria. Mi madre, como toda inmigrante, tenía dos trabajos, uno en un hospital y otro de mesera en un restaurante. Luego de unos meses, nos mudamos a un departamento con mi abuelita y mi tío Juan Carlos (hermano de mi mamá). El departamento era amplio y tenía tres dormitorios. A María Julia y a mí nos tocó dormir con mi abuelita, mientras que mi mamá y mi tío tenían sus propias habitaciones. El lugar era bastante tranquilo y había una piscina gigante frente al edificio. Los fines de semana, observaba a algunos chicos limpiando sus coches y a otros caminando en grupo. A muchos los reconocía, porque asistían a mi escuela. Aunque no era tímida, tampoco entablé amistad, porque mi padre siempre me dijo que no hablara con extraños. Todos ellos, además, parecían padres de familia. Eran altos, tenían bigotes o barba.

El departamento que mi mamá había rentado quedaba en otro distrito y a mí me correspondía estudiar en otro lugar. En Estados Unidos, tú no escoges a qué escuela pública vas, sino que vas a la que te toca según el lugar en el que vives. Traté de mantener contacto con Giani y Victoria, pero fue imposible. En esos tiempos, los celulares eran grandes y pesados y las pocas personas que tenían lo usaban en sus autos. En cambio, los localizadores o *beepers* sí eran muy populares y accesibles. Eran pequeñas máquinas del tamaño de un dedo pulgar, en el que recibías un breve mensaje de texto con el número de teléfono al que debías devolver el mensaje. Tenía una especie de clip, que servía para engancharlo en el bolsillo del pantalón o la correa. De igual forma, yo no tenía ni uno ni otro, así que había poca oportunidad de seguir en contacto con mis amistades.

La escuela secundaria fue algo totalmente diferente. Los chicos tenían entre 14 y 18 años y el contraste entre los estudiantes era como el cielo y la tierra. Había altos y bajos, gordos y flacos, blancos y morenos, asiáticos, latinos y de otras partes del mundo. Parecía la Organización de Naciones Unidas y eso me encantaba. La diversidad es una de las características más importantes en cualquier escuela, organización, trabajo y país. Es como una ensalada de frutas. Cada una trae un sabor y valor nutritivo diferente. Qué aburrida sería la vida si todos nos viéramos y pensáramos de la misma forma. Si solo te asocias con personas de tu misma cultura o de tu mismo pensamiento, te estás limitando para aprender de otras culturas, habilidades y conocimientos.

La estructura escolar era muy distinta a la que tenía en Lima. En Perú, los estudiantes pasan todo el día en un mismo salón de clases y son los profesores los que llegan al salón a dar la materia. Sin embargo, en Estados Unidos, los maestros tienen sus propios salones y son los alumnos los que deben ir al salón a tomar la clase. El sonido de una campana nos alertaba que el periodo había terminado y a partir de ese momento teníamos alrededor de diez minutos para llegar al siguiente salón. Todo era rápido y me sentía abrumada. Ahí noté que los chicos viven apresurados, pero están acostumbrados a ese estilo de vida. A mí, en cambio, me costó mucho. Llegaba de un país en el que, aunque hay muchos valores, reina la cultura de la informalidad. Si alguien te dice que llega en un ratito, puede hacerlo en unos minutos como en horas. Todo es relajado. Pero en este país aprendí que la puntualidad es una cualidad muy importante en los seres humanos. Al ser puntual, demuestras que respetas a las personas con las que te reúnes, así como tu disciplina, palabra y honor. Mi tío Jerry me lo repetía como el Padre Nuestro. Con el tiempo, agradecí esa enseñanza.

Al igual que en la escuela intermedia, en la secundaria se me hizo fácil hacer amistades. Conecté con dos chicas. Graciela, de estatura mediana, bromista, con cabello negro muy bonito y pecas peculiares en sus mejillas, y Úrsula, baja de estatura, incluso, más que yo, con cabello pintado y de rulos, siempre con pantalones *baggy* y polos diminutos, bandana en la cabeza y mucho maquillaje. Tenía una sonrisa muy particular y una risa contagiosa. Se reía de todo y tenía un diente, en la parte frontal, que sobresalía, lo cual daba todavía más risa. Era toda una personalidad. Las tres hicimos buena conexión y no solo compartimos muchas clases juntas, sino que, también, almorzábamos en la cafetería y nos reuníamos luego de las clases en las casas de cada una. Graciela era la más responsable y cuando tenía que estudiar o hacer tareas, se alejaba para concentrarse. Yo no estudiaba. No lo necesitaba porque ilusamente me sentía muy segura de mi inteligencia y capacidad. Dominaba las matemáticas con poco esfuerzo. Mientras todos usaban calculadoras, yo hacía todos los cálculos de forma mental y sacaba buena nota. En química e inglés no me fue tan bien, pero no le di mucha importancia. Estaba enfocada en pasarla bien y socializar. Las tres nos reíamos de absolutamente todo, nos entreteníamos mirando a los chicos y nos divertíamos de todas sus travesuras y ocurrencias. En la cafetería, todos pasaban por nuestra mesa para saludar a Úrsula. Muchos la conocían y la invitaban a fiestas. Ella se encargó de presentarnos a sus amigos y habían rumores que muchos de ellos, eran integrantes de pandillas. Yo no le prestaba tanta atención a ese tema, los veía como chicos comunes y corrientes, así que no me limité a la hora de hablarles o responderles el saludo cuando me los cruzaba en los pasillos.

Además de los pantalones *baggy*, las faldas diminutas con pliegues estaban muy de moda. Se usaban con medias largas hasta las rodillas y zapatos con plataforma. "De ahora en adelante, nos vamos a vestir igual", dijo Úrsula un día. Aunque me hacía recordar a los años en los que me vestían igual que María Julia, la idea no me pareció del todo mal. Era mi amiga, no mi hermana y podíamos empezar una tendencia. Graciela estaba de acuerdo, pero nos advirtió que no se pondría faldas porque tenía sobrepeso. Era la primera vez que escuchaba a alguien de mi edad hablar así. Además, no estaba gorda. Tenía una figura voluptuosa, pero se le veía muy bien, a mi parecer. De todas formas, empezamos a sincronizar nuestros outfits. Úrsula era una gran asesora de imagen. Me recomendó hacerme mechas castañas y me enseñó a maquillarme. Apenas llegábamos a la escuela, íbamos directamente al baño para peinarnos y maquillarnos. Se volvió una rutina que llamaba la atención de otras chicas, pero no para bien. Por alguna razón, siempre me decían cosas desagradables o hacían muecas de mal gusto. Al principio, me afectaban sus desaires, a pesar de que lo hacían en público y ni siquiera me conocían, pero con el tiempo, aprendí a ignorarlas. El hecho de que los chicos comenzaban a tener interés en mí causaba furia a muchas que llegaban al punto de dejarme cartas con amenazas en mi *locker*, un casillero en el que guardaba mis libros y pertenencias. Me insultaban cada vez que tenían la oportunidad de hacerlo. Incluso, una vez, durante una clase en la cual estaba dando una presentación, una de ellas se burló de mi pronunciación y se ensañó en interrumpirme, diciendo que no me entendía para ridiculizarme en público mientras su grupito de amigas se reía de mí. Ese acoso continuó por mucho tiempo, lo que hoy en día se llama "bullying" pero ellas no sabían que yo había superado muchas situaciones difíciles antes de llegar a este país, así que para mí era solo una raya más al tigre. Irónicamente, esas mismas chicas hoy me siguen en mis redes sociales. Inclusive, una que otra predica la palabra de Dios. Ironías de la vida.

Algunos chicos de la escuela mostraban interés en mí. Me dejaban flores y cartas de amor en mi *locker* y me invitaban frecuentemente a ver películas o cenar. En Perú, yo jamás tuve una cita romántica con nadie. Ni siquiera entendía lo que se hacía en ese tipo de salidas. Úrsula me insistía en que aceptara, así que finalmente le hice caso, pero con una condición, ella debía acompañarme y así fue. Acepté la invitación de uno de los chicos de la escuela, fuimos a un lugar de comida rápida. Como era costumbre, mi amiga y yo no parábamos de reírnos de bobadas. Él se dio cuenta de que yo no tenía interés en él y que no era más que una adolescente que reía de cualquier cosa. Así que se unió a nosotras y los tres terminamos con dolor de estómago de tanto reírnos. Esa fue mi supuesta primera cita.

Úrsula era atrevida y aventurera, me motivaba a hacer cosas que nunca antes había experimentado. Por ejemplo, a abordar buses escolares que no nos correspondían solo para visitar a nuestros amigos. Luego, pedíamos un aventón a algunos conocidos suyos para regresar a nuestras casas. Como mi mamá trabajaba todo el día, nadie notaba si llegaba tarde o no. También me llevó a *skipping parties*. Un *skip party* es una fiesta organizada durante el horario escolar en la cual los estudiantes van a casas de compañeros mientras los padres trabajan. Si alguno de los chicos que asistía tenía 21 años, llevaba las bebidas alcohólicas. La primera vez que fui, estaba totalmente aterrada. Tenía miedo de que alguien en la escuela reportara mi ausencia a mi mamá. Además, Úrsula me contó que ella había asistido a fiestas a las que llegó la policía y tuvo que saltar la cerca por la parte de atrás de las casas (varias veces) y correr para no meterse en problemas. Nerviosa, me senté en una esquina cercana a la puerta, por si tenía que salir corriendo. Los chicos conversaban, mientras otro grupo salía al patio trasero a fumar. Lo más cerca que había estado a un cigarrillo fue cuando respiraba el humo de los cigarros de mi papá o de las personas que asistían a las fiestas en mi casa en Perú. El olor no me fastidiaba, pero tampoco me gustaba.

Aparte de estar asustada, estaba aburrida. Si era una fiesta, ¿por qué nadie bailaba? Mi concepto de fiesta era muy diferente. De pronto, llegó el hermano mayor de la anfitriona. Al parecer, se sintió mal en su trabajo y, al volver, se dio con la sorpresa de que su casa estaba llena de adolescentes que decidieron no ir a la escuela. No parecía muy asombrado. Incluso, daba la impresión de estar acostumbrado a este tipo de fiestas. Yo no entendía cómo podíamos hacer algo tan malo y que sea tan común. Lejos de molestarse, fue a su dormitorio, se cambió la ropa y se integró a la reunión. Yo tenía cara de espantapájaros, esos muñecos de paja que se usan para asustar a los animales y proteger las cosechas. Realmente, así me sentía. Mientras Úrsula saltaba de un grupo a otro, socializando y riendo con todos. Yo estaba en una esquina, mirando la pared y contando los minutos en mi mente para volver a casa. El hermano de la anfitriona se me acercó y me preguntó por qué estaba tan callada.

"Tengo solo meses aquí y nunca había estado en una fiesta en la que solo hablen y no haya música", le dije.

"Eso es fácil de solucionar", me contestó riéndose.

Se acercó a una radio que usaban poco, porque estaba llena de polvo. Lo encendió y puso música salsa. Me emocioné tanto que mis ojos se abrieron como cuando eres niño y pasa el heladero. Se acercó a mí y me preguntó si me gustaba ese ritmo. "Soy peruana, claro que me gusta", le respondí. "Entonces, vamos a bailar", me propuso. Por la falta de práctica me sentía oxidada, pero acepté. Todo fluyó como si hubiésemos ensayado. Él se sorprendió de que una niña de 14 años sepa bailar tan bien. "¿Quién te enseñó a bailar?", me preguntó. "La vida", le contesté y ambos reímos. Bailamos durante toda la fiesta y los otros chicos nos miraban como si nunca hubiesen visto a alguien bailar. Al terminar, Úrsula se me acercó. "¿Por qué no me habías dicho que sabías bailar?", me recriminó. Yo no sabía si reírme o enojarme ¿Por qué tendría que decirle todo lo que podía o no podía hacer? No era mi mamá. Diplomáticamente, le contesté que no lo había considerado importante. Molesta, me agarró de la mano y me dijo que era hora de irnos. Yo estaba confundida e incómoda. Éramos amigas y cedí a su idea de vestirnos iguales, pero sentí que se estaba comportando de forma dominante.

Al día siguiente, regresé a la escuela como si nada, pero me sentía moralmente mal, como si le hubiese fallado a mi tía Angie y mi tío Jerry, pero, sobre todo, a mí misma. Jamás me había escapado de la escuela. En Perú siempre me gustó la escuela y cuidaba mi primer lugar en clase. En cambio, no me sentía retada en el sistema escolar de Estados Unidos. Mi rebeldía y el choque cultural no me permitían aprender y sacar provecho a los recursos educativos que existen en este país. Tenía mucho remordimiento, pero al ver a Úrsula tan fresca, como una lechuga, se me pasó. Con el transcurso del tiempo, mis escapadas se volvieron más frecuentes. Mis tíos se mudaron a Florida porque el invierno en Virginia les afectó mucho y mi mamá se fue por varios meses a Perú con mi hermanita menor, dejándonos a María Julia y a mí al cuidado de mi abuelita. Prácticamente, tenía luz verde para hacer lo que quisiera y mi vida dio un giro total. A través de Úrsula, conocí a personas, quienes nos contaban lo divertido que era ir a discotecas. A ella se le ocurrió la idea de ir a experimentar ese ambiente. Me pareció riesgoso. Mi única preocupación era cómo haría para salir de noche, pues solo tenía 14 años y me acostaba a las 10 de la noche. ¿Quién me abriría la puerta cuando regrese sin que mi abuelita se despierte? Úrsula ideó un plan de escape y hablamos con María Julia para que ella sea nuestra cómplice. Nosotras tiraríamos piedras a la ventana de nuestro dormitorio para que nos abra la puerta al retornar. Todo funcionó a la perfección. Yo iba a discotecas y, al día siguiente, asistía a la escuela como si nada hubiera pasado junto a Úrsula. Mis notas iban de mal en peor, pero me importaba muy poco. Sentía que podía hacer lo que quisiera y a nadie le importaba. Mi abuelita estaba muy viejita para ocuparse de una adolescente en plena rebeldía. Fue una etapa muy dura.

Capítulo Nueve

CRECIENDO ACELERADAMENTE

El primo de Graciela no era muy guapo, pero sí algo agraciado. Ella hablaba siempre de lo divertido que era y eso me causó mucha intriga. Un día, nos llevó a Úrsula y a mí a su casa y lo conocí. Tenía unos cuantos años más que yo. Cada vez que visitaba a Gabriela lo veía, así que entablamos una amistad.

Un día, al concluir las clases, caminé hacia mi bus para ir a casa a dormir (las noches de discoteca me estaban matando). De repente, vi un ramo de flores delante mío. Al ver quién lo sostenía, me di con la sorpresa de que era el primo de Graciela. En la esquina, mis amigas observaban todo con cara de cómplices y concentración, como si estuviesen viendo una novela. Yo cansada, pero halagada por el detalle, me quedé mirándolo. Él, muy lanzado, me preguntó si quería ser su enamorada. Úrsula estaba en una relación con un chico que no estudiaba, así que pensé que, si ella tenía novio, ¿por qué yo no? Entonces le dije que sí. Él me abrazó y me dio un beso en la boca. Me quedé inmóvil porque no me lo esperaba y me parecía un poco acelerado. Miré a los lados y noté que todos nos miraban. Supuse que era una costumbre norteamericana o que a ese chico le gustaba ser el centro de atención. Llegué a casa emocionada, no porque muriera de amor, sino porque nunca había tenido novio. Me sentía toda una adulta. Opté por no contarle a mi abuelita, porque ella era muy conservadora, pero quería comentárselo a alguien. Mi madre, que ya había regresado de Perú de uno de sus frecuentes viajes, trabajaba todo el día, así que decidí esperarla, para narrarle el suceso. Cuando entró a la casa, corrí a su dormitorio. "Mami, ya tengo novio", le dije. Sin expresión alguna en su rostro, me preguntó quién era. Le conté cómo lo conocí. Ella solo me agradeció por contarle y se dirigió al baño a alistarse para descansar. Al ver que para ella no significaba gran cosa, sentí que no era nada significativo. Así empecé mi primer noviazgo, de una forma muy apresurada y ligera. Era una nueva experiencia para mí, pero no para él. Lo sabía porque las chicas de la escuela lo comentaban, pero no le presté atención. Cuando eres adolescente, ese tipo de cosas que son señales de alerta para los adultos, son totalmente ignoradas.

El chico me esperaba al salir de cada clase para cargar mi mochila y acompañarme a mi próxima clase. No teníamos el mismo horario de receso en la cafetería, pero se escapaba de vez en cuando para almorzar conmigo. Me llevaba rosas y me acompañaba todos los días al bus escolar. Eran detalles que nadie había tenido conmigo antes. Me sentía halagada, pero abrumada al mismo tiempo. Úrsula me reclamaba porque ya no teníamos privacidad para conversar. Si ya tenía enemigas gratis, todo se puso peor cuando estuve con él. Mientras caminábamos por los pasillos, todas sus ex me miraban como si yo les hubiera robado algo y murmuraban en sus grupitos. Otras me insultaban y gritaban a la distancia. Yo no era conflictiva, nunca había peleado física ni verbalmente con nadie. Crecí con gente muy educada y nunca presencié actos violentos en Perú, así que ese *bullying* me sorprendía y afectaba.

En las reuniones familiares, cuando enseñaba las fotos de mi novio, las amigas de mi tía Angie se sorprendían. "Ojalá se te pase pronto, porque estás muy bonita para él", me decían. Él era de estatura mediana y dientes chuecos. Pensándolo bien, sí era un poco feo, pero no me importaba porque encontré en él la atención que no tenía en mi hogar. Pasábamos mucho tiempo juntos. Él iba a mi casa y yo a la suya. Conocí a toda su familia y quedé fascinada con lo unida que era. Su mamá se mostraba muy seria conmigo y sobreprotectora con su hijo. Me aterraba la señora y conversaba muy poco con ella. Quién diría que, hoy en día, se convirtió en una de las personas que más me ayudó en los peores momentos de mi vida. Incluso, fue mi mano derecha y confidente por muchos años.

Úrsula y Graciela se resintieron conmigo porque me alejé mucho de ellas. En casa, mi mamá llevó a su nueva pareja. Al que conoció en su centro de trabajo y entablaron una relación. El señor tenía la nariz super larga, los ojos hundidos, como si le hubieran tirado un puñete y la cara aplastada. Cuando su nueva pareja se mudó con nosotras, entendí lo que me decían las amigas de mi tía cuando les enseñaba las fotos de mi novio, "ojalá se le pase pronto".

Yo estaba tan perturbada por los cambios físicos y psicológicos que atravesaba que no tenía cabeza para otra cosa. Mi cuerpo se desarrollaba cada vez más voluptuoso y, constantemente, estaba de mal humor. La etapa de la adolescencia es la más crítica del desarrollo de los individuos, ya que se producen importantes cambios físicos, emocionales, sociales y cognitivos. Con todo eso en mi cabeza, poco me importó si mi mamá tenía o no pareja. Su nueva pareja, por momentos era muy amable, pero, rápidamente se iba a los extremos y era verbalmente agresivo. Minimizaba a mi madre constantemente, diciendo cosas como "yo he tenido a las mejores mujeres en Perú, con mucho dinero". Dentro de mí, yo pensaba cómo podía estar con las chicas más guapas teniendo esa cara. Mi abuelita poco después se fue de la casa. Mis hermanas y yo nos quedamos a la orden de ese señor y mi mamá. Era una bomba de tiempo, a punto de estallar.

Ante la falta de supervisión familiar, mi relación con el chico de los dientes chuecos continuó. Cada vez me encariñaba más con él. Me alejé de mi grupo de amigos y me volví emocionalmente dependiente y pasó lo que se veía venir. No tenía a nadie que me aconsejara ni me estableciera límites. Él al ser un poco mayor que yo, manejó las oportunidades en las que estábamos solos y me llevó a experimentar mi sexualidad. Cuando eres adolescente, tomas todo muy a la ligera y no piensas en las consecuencias de tus actos.

A vísperas de mis 15 años, el chico de los dientes chuecos me preguntó qué quería de regalo. Como me tomó por sorpresa, no supe qué responder y él, rápidamente, me propuso hacerme un tatuaje. Hasta ese momento, yo no había visto ninguno más allá de la televisión. Me contó que tenía un amigo de confianza y que sería un proceso sencillo. Yo, tonta y emocionada, acepté. Cuando fuimos, el tatuador se presentó. "Qué bonita tu novia", le dijo. Cuando me preguntó qué diseño quería el chico de los dientes chuecos interceptó y le dijo que quería una rosa inmensa en la parte baja de mi espalda. En mi trasero, prácticamente. Yo le dije que no quería tatuarme en esa parte de mi cuerpo, pero me explicó que debía ser en un sitio oculto, para que mi mamá no lo note. Además, yo era menor de edad y eso podía ocasionarle muchos problemas al chico de los tatuajes. Primero, por ser yo menor de edad y segundo, por no tener autorización de mi madre, pero él me aseguró que todo estaba arreglado. Tontamente, accedí. La sesión duró tres horas y, al terminar, me dolía todo. ¿Cómo iba a hacer para que no se dieran cuenta en casa? Fueron días complicados porque no podía sentarme. No me atrevía a mirarme al espejo, me daba miedo ver el resultado. Sabía el diseño, pero por el dolor, deducía que era más grande de lo que había dicho. A la tercera semana, decidí mirarlo. Me removí la gaza que lo cubría y quedé impresionada no solo por el tamaño, sino porque tenía unas letras que yo no había pedido ni mucho menos autorizado. Al chico de los dientes chuecos le pareció importante plasmar sus iniciales y las mías en mi cuerpo, sin consultarme. No me pareció romántico, sino que me sentí usada e ignorada. Cuando le reclamé, solo se rio y me dijo que era mi sorpresa de cumpleaños. Estaba muy molesta, pero mi mente ilusa y limitada pensó que realmente era un acto de amor. A medida que continuamos con nuestra relación, las señales de que algo no andaba bien seguían apareciendo y yo, tontamente, las ignoraba. Él me decía cómo tenía que vestirme y en cierta ocasión llegó a pedirme que me rape la cabeza. Me pareció lo más absurdo que alguien podía pedirme. Mi cabello era uno de mis atributos más llamativos. No entendía su lógica. Me vería horrorosa. Le dije que no cedería, pero él insistía todos los días usando chantajes emocionales. Me mantuve firme, pero fueron semanas de constante estrés. Se molestó y me amenazó con terminar la relación. Dejó de visitarme por varios días y, si me veía en la escuela, me ignoraba. Yo estaba triste y totalmente confundida. No entendía por qué algo tan insignificante podía causar ese tipo de reacción.

De repente empecé a sentirme rara. No tenía apetito y sentía mareos frecuentemente. Recurrí a la chica que lo sabía todo y si no sabía se lo inventaba, mi amiga Úrsula. Al comentarle, me sugirió comprar una prueba de embarazo. Yo no aguanté la risa. "¿Cómo se te ocurre? Solo tengo 15 años. No seas ridícula", le dije. "Nada pierdes haciéndola. De paso, me la hago yo también", contestó. Fuimos a la tienda más cercana y me pidió que la espere mientras ella compraba las pruebas. Salió con dos cajas, pero sin bolsa. La miré sospechosamente. "En el camino te explico", susurró. Al llegar a casa, nos dirigimos al baño y cerramos la puerta. Ella, toda una experta, me dio las instrucciones. Al concluir el proceso, nos sentamos en el piso a observar los resultados. Me explicó que, si salían dos rayitas, era positivo y si solo salía una, era negativo. Para nuestra sorpresa, así fue, el dispositivo indicaba las dos rayitas, era positivo. Ambas nos miramos y reímos hasta llorar, no sé si de los nervios o porque todo era muy cómico en nuestra limitada mente. Después de algunos minutos, nos quedamos sin palabras. Úrsula se paró y me dijo que le informe al chico de los dientes chuecos.

Mientras me dirigía a mi cuarto, pensaba en qué tan difícil podía ser. Prácticamente, yo había criado a mis hermanas. Sabía lavar, cocinar y todo sobre el cuidado de bebés. Lo que sí me preocupaba era quién se haría cargo de mi bebé cuando yo estuviera en la escuela, pues aún me faltaban dos años para terminar la secundaria. Además, recién había ingresado al equipo de baile de mi escuela, algo que fue muy difícil, ya que era la única latina y en esos tiempos, en las escuelas, había poca diversidad en actividades extracurriculares y deportes. Yo quería seguir participando, a pesar de que la capitana del equipo constantemente me mandaba indirectas raciales, pero no le di mucha importancia porque estaba muy feliz y orgullosa de haber entrado al equipo de baile de la escuela.

Mi mente inmadura no imaginaba el cambio radical que significaba un bebé. Fui a un teléfono público en el centro comercial frente a mi casa y llamé al chico de los dientes chuecos para contarle el resultado de la prueba. Rápidamente, él fue a visitarme con mucha preocupación. Lo que me dijo, lo he bloqueado. Es una técnica que aprendí con los años, para no revivir el dolor. Lamentablemente, todos vivimos experiencias duras y cometemos errores, pero no queda más que aprender y usar esas lecciones para ser una mejor persona. Una semana después, llegué a una clínica, con una de mis amigas, Cassandra, quien era mayor de edad y me ayudó a firmar una autorización para terminar el embarazo. El chico de los dientes chuecos se encargó del pago y lo que siguió es bastante doloroso como para siquiera recordarlo. Es de esos momentos en los que deseas regresar en el tiempo para hacer las cosas diferentes, pero, cuando eres menor de edad y no hay nadie que te dé una guía, las opciones son limitadas.

Los días que siguieron traté de mantenerme ocupada con las prácticas de baile para apaciguar el dolor que sentía, en cierta forma. Era consciente de que a la capitana no le caía bien, no me quería en el equipo e igual me sacaría pero buscaba apaciguar el dolor y el remordimiento de mi conciencia. Fue mi refugio y me sirvió para aprender la práctica del bloqueo, en la cual reemplaza un determinado pensamiento de dolor o negativo por algo totalmente opuesto, que provoque en mí alegría y emoción. No es evadir ni esconderse de los problemas, sino un mecanismo para manejar emociones para evitar caer en depresión. Yo lo aprendí en la cancha, como dicen en mi país, pero ya hay profesionales que te ofrecen apoyo para aplicar esa técnica.

En la escuela mejoré mis notas, pero emocionalmente estaba mal. A veces, tenía la necesidad de contárselo a mi familia porque sentía que me ahogaba, pero opté por reprimir la tristeza y callar. Al final del día, yo era la hermana mayor y no quería defraudar a mis padres ni a mi familia. Mi padre tenía la certeza de que yo llegaría muy lejos y sería una gran profesional, al igual que mi tía Angie y mi tío Jerry. Todo eso rondaba mi cabeza como un torbellino. Me alejé de mis amistades y me costaba mucho conciliar el sueño.

Esta etapa de mi vida fue muy dolorosa a mis 15 años, dejó una enorme herida y una gran culpa en mí. Cuando eres adolescente en pleno desarrollo, en un nuevo país, existen muchos cambios culturales a los cuales puede ser desafiante adaptarse, lo cual implica ajustarse a nuevas normas sociales y valores. Todos estos cambios para mi fueron abrumadores y no sabía qué hacer. No sabía a quién recurrir, mi madre viajaba constantemente a Perú por largos meses. Mi padre todavía no podía emigrar a los Estados Unidos y mis tíos que fueron como nuestros padres cuando llegamos a este país, se mudaron a Florida porque el estado de salud de mi tío Jerry no era óptimo.

Así de fácil, quedas vulnerable sin nadie a quién recurrir en un país ajeno. Si estás pasando una situación similar, busca ayuda. Hoy en día, en todas partes del mundo, hay infinidad de ayuda y apoyo disponible. Existen iglesias, albergues, mentores, terapistas emocionales, grupos de apoyo, organizaciones que se dedican a trabajar con mamás adolescentes para proveer recursos y guía para navegar con mucha más facilidad la maternidad y muchos recursos más. En mi caso, yo no conté con ningún apoyo porque no sabía de su existencia. Estaba en un momento de mi vida muy turbio y a pesar de que desde muy niña siempre tuve mucha responsabilidad, en esta etapa de mi vida, nada de eso me sirvió. Mi vulnerabilidad me llevó a cometer la peor decisión de mi vida con total frialdad.

Con los meses, las cosas fueron volviendo a la normalidad. Mi relación era más formal y yo me refugiaba cada vez más en el chico de los dientes chuecos. En la escuela, había rumores de que, antes de conocerme, él estaba saliendo con otras chicas simultáneamente. No quise indagar y preferí ignorar todas esas señales. Era como si estuviera ahogándome en el mar y alguien me tirara un salvavidas que no quería usar. Pocos meses después, la historia se repitió. Empecé a sentirme mal y llamé a mi consejera, y experta en problemáticas de la vida,

Úrsula. Nuevamente, en el baño de mi casa, me hice otra prueba de embarazo. Las dos rayitas confirmaron mi segundo embarazo. Aunque suene incoherente, me invadió un sentimiento de agradecimiento y alegría. Sentía que la vida me estaba dando la oportunidad de hacer las cosas bien y que estaba destinada a ser mamá adolescente. Me sentía lista y preparada. Esta vez, decidiría por mi bebé y por mí. Abracé a Úrsula fuertemente. Ella no entendía por qué estaba tan contenta. "Yo estaría llorando", me dijo. Salí apresurada para llamar al chico de los dientes chuecos, quien solo atinó a responder que iría a verme. Al llegar, le conté que estaba lista y que esperaba que fuera una niña. Sería mi princesa y la niña más querida del planeta. Asimilando la noticia, él me dijo que estaba de acuerdo con mi decisión, pero que debía informarle a su familia. Todo pasó muy rápido. Su mamá, desde el primer día que se enteró de mi embarazo, me brindó todo el apoyo y amor que necesitaba, al igual que todos sus tíos. Mi familia, un poco más reservada, también entendió la situación, aunque con cierta decepción, no me lo decían, pero yo lo sentía. Sentí la responsabilidad de hablar personalmente con cada uno. Recuerdo que mi abuelita lloró mucho cuando se lo conté. Estaba sentada en la parte opuesta de mi cama y con lágrimas en los ojos, me dijo "Claudita, todavía eres una niña". Sus palabras fueron determinantes para mí. "Abuelita, no llore, yo estoy feliz. Voy a lograr todo lo que me proponga, ya verá", le respondí. No la abracé, porque a ella no le gustaba que la abracen, pero sostuve sus manos en un intento por reconfortarla. Hice lo mismo con mis tías y mi padre, quien estaba en Perú y se enteró por teléfono. Yo, dura como piedra, quería que él no se preocupara. Para mí era importante que supiera que seguiría cuidando de mis hermanas y del bienestar de nuestro hogar. Ahora, con mi bebé, continuaría siendo una niña madura y responsable. "Lo sé, todo va a estar bien", me respondió mi padre, con la voz entrecortada.

La familia del chico de los dientes chuecos fue a mi casa para hablar de los planes a futuro. La señora Betina, su mamá, propuso que nos casáramos. Me aterró esa idea. Era demasiado para mí. Yo aún asimilaba el hecho de estar embarazada, como para pensar en una boda. Mi madre se negó rotundamente. "Es menor de edad y yo no tomaré esa decisión por ella", dijo. Yo la miré con asombro. Gracias, mamá, le diste al clavo. Fue una decisión que hasta el día de hoy le agradezco.

Capítulo Diez

MIS PRIMEROS INGRESOS

Durante mi embarazo, estuve todo el tiempo cansada y con mucho sueño. Mi cuerpo estaba cambiando drásticamente. Mis pequeñas caderas se agrandaban, me dolía la espalda y mis piernas se hinchaban constantemente, por lo que empecé a usar ropa ancha para no despertar sospechas en la escuela, pero fue en vano. Mr. York, mi profesor de historia, me despertaba constantemente cuando me quedaba dormida en su clase, algo muy inusual en mí, porque me encantaba aprender todo sobre sucesos históricos de los Estados Unidos. Era súper buena memorizando fechas y eventos históricos. Ese era uno de mis mayores talentos. Un día, Mr. York, me pidió que me quedara porque tenía que conversar conmigo al terminar la clase. Me confesó que estaba preocupado por mí y por mis notas. Yo, sin mucho rodeo y con cierto tono de ingenuidad le conté que estaba embarazada. Su rostro se puso pálido y no sabía qué decir. Tras varios segundos de silencio, me comentó que tenía que informarle la noticia a mi consejera estudiantil. "Estarás embarazada, pero tienes que continuar con tus estudios", comentó. Me tomó de la mano y, al llegar a la oficina de mi consejera estudiantil, detalló mi situación y sugirió que no me envíen a una escuela alternativa. Yo estaba confundida, no entendía lo que eso significaba, pero luego supe que son escuelas diseñadas para madres y padres adolescentes, en los que muy pocos se terminan graduando. De acuerdo con el Centro para el Control y la Prevención de Enfermedades (CDC, por sus siglas en inglés) solo el 50% de mamás adolescentes reciben un diploma de graduación de secundaria hasta la edad de 22 años.

Muy fríamente, mi consejera me pidió que me sentará y le aseguró a Mr. York que ella se encargaría del resto. "Todo va a estar bien", me dijo él, con el rostro aún apenado. Yo estaba tranquila pero confundida, no entendía todo el drama.

Sí, estaba embarazada, pero no era para tanto o eso era lo que creía. Luego de imprimir la lista de mis clases y mis evaluaciones, mi consejera me dijo que me mantendría en la escuela, siempre y cuando, obtenga notas promedio. También me dijo que, cuando dé a luz, enviarían a un profesor a mi casa, para ponerme al día. Me pareció extraordinario que la escuela tenga ese recurso. Gracias a Dios, en Estados Unidos abundan las oportunidades para salir adelante, esa noticia me reconfortó mucho. "¿Qué piensas hacer cuando termines de estudiar?", me preguntó. Yo le contesté que quería ir a George Mason, una universidad muy prestigiosa en el condado del norte de Virginia. Siempre escuchaba a las chicas de mi equipo de baile mencionar las diversas profesiones que ofrecía. Ella me miró fijamente y me respondió que, con suerte, podría ir a una universidad comunitaria. Ese momento marcó el comienzo de una lucha diaria contra los prejuicios y las limitaciones que te impone la sociedad por ser una mamá adolescente. Sentí que el mundo se me derrumbaba. Yo siempre fui una alumna aplicada con muchos sueños y metas. Nunca contemplé la idea de ser ama de casa. No creo que haya nada de malo en eso, pues es un trabajo igual de importante que cualquier otro, pero yo tenía aspiraciones distintas, quería ser una profesional. Además, mi tío Jerry siempre me decía que este país era mi nueva casa y como todo ciudadano, tenemos que aportar. Yo no quería ser una carga para nadie ni mucho menos para este país que tanto ya me había dado. Yo vine a este país a contribuir, no a ser carga.

De regreso a casa, las palabras de la consejera se repetían en mi cabeza como un disco rayado. Entendí que sería duro concretar lo que quería, siendo madre adolescente. Lloré todo el camino y pensé en qué sería de mi vida. Llegué a casa y, sin hablar con nadie, me dirigí a mi dormitorio a llorar desconsoladamente. En la noche, sin poder dormir, decidí que no me daría por vencida. Me rehusaba a aceptar ese destino. Hablaría con Mr. York, para ver si podía ayudarme. Me limpié las lágrimas y determiné que no sería parte de la estadística ni aspiraría a ser menos que las chicas de mi equipo de baile, que irían a la universidad. Tener un hijo joven no es una enfermedad terminal. Al contrario, mi bebé sería mi impulso para persistir y lograr lo que me proponga. Nadie me pondría etiquetas.

Al día siguiente, le comenté a Mr. York que yo no quería ir a una universidad comunitaria. Le dije que necesitaba orientación de qué clases podía tomar el año que me quedaba, para graduarme para ir a la universidad de George Mason. Era consciente de que tenía que mejorar mis notas, buscar dinero para pagar mis cursos y aprender una carrera técnica antes de que nazca mi bebé, para poder cubrir sus gastos. Estaba dispuesta a trabajar en lo que sea, pero debía aprender habilidades para tener un ingreso estable, mientras iba paralelamente a la universidad. Con una sonrisa de lado a lado, Mr. York me comentó que mi plan le parecía extraordinario. Se reunió con la consejera y ella le dio una serie de cursos técnicos que las escuelas públicas ofrecían gratuitamente a estudiantes. Como si me hubiese sacado la lotería, apunté todo y fui rápidamente a la biblioteca de la escuela para revisar al detalle. La lista era extensa, pero algunos cursos no eran de mi interés, como la mecánica. De pronto, llegué a la sección de enfermería. ¡Bingo! Nunca pensé en seguir una carrera médica, pero consideré que no sería tan difícil. Además, todos en cierto momento tenemos que ir al doctor y eso me aseguraría trabajo. Me acerqué a mi consejera estudiantil, pero lo hice con la mejor predisposición. Sabía que era la única que podía facilitarme información y que mi futuro estaba en sus manos, así recurría a ella frecuentemente para obtener lo que necesitaba.

Me registré en un curso gratuito de enfermería y lo llevé durante las horas de escuela. Los meses avanzaron muy rápidamente. Mis supuestas amigas, incluida Úrsula, brillaban por su ausencia cada vez más y yo me sentía totalmente aislada y sola. Me retiré del grupo de baile y mis notas iban en picada, pues todo el tiempo estaba cansada y desganada. En la cafetería, almorzaba con Daniel, un amigo un año menor, estaba solo al igual que yo. Era blanco de burlas y *bullying* por usar lentes y vestirse de forma muy peculiar. Nos hacíamos compañía y caminábamos juntos a la salida de la escuela, pues vivíamos bastante cerca. Para mí, fue una bendición conocerlo y compartir con él cuando atravesaba momentos complicados y de soledad.

"Dejen pasar a Claudia que se comió un melón" o "¿Qué te pasó? ¡Estás hinchada!", eran comentarios que hacían mis supuestos amigos, mientras hacía la fila de la comida en la cafetería de la escuela. Yo lo tomaba ligeramente y me reía para evitar reflejar el dolor o la molestia que esa clase de bromas crueles me causaba. Contaba los meses para dar a luz y no tener que verles las caras a esos idiotas.

Así empecé a experimentar mi embarazo a los 16. La señora Betina siempre se mantuvo al tanto de lo que me pasaba y de mis cuidados, gracias a Dios. Durante mi embarazo, se me dificultaba ir a mis chequeos médicos por la falta de transporte. En ese tiempo, no tenía carro para movilizarme, así que se lo mencioné a la enfermera de mi escuela. Unos días después, alguien tocó la puerta de mi casa. Yo abrí la puerta y una señora de estatura mediana, pelo negro y con ciertos rasgos asiáticos me dijo: "Hola Claudia, soy Betsy tu *Resource Mother*" que en español significa "Madre de Recursos". Yo totalmente confundida le contesté "Ya tengo mamá, pero gracias". Las dos nos reímos por varios segundos. Ella con una voz dulce y cierto aire angelical me tomó de la mano y me explicó que ella me iba a ayudar durante mi embarazo con transporte para ir a mis chequeos médicos y cualquier otra cosa que necesitara. Yo le pregunté cómo ella sabía de mi situación. Me informó que la enfermera de la escuela se había comunicado con la agencia para la cual trabajaba y ella gustosamente se ofreció a asistirme al reconocer mi nombre. Por coincidencias de la vida, era amiga de la señora Betina. Le agradecí mucho su ayuda, pues en realidad era algo que me preocupaba mucho, sabía lo importante que era para mi futura bebé el que asista a mis chequeos médicos regularmente pero no tenía a nadie en casa que me pudiera ayudar en ese aspecto. Además, por momentos me sentía abrumada con las diferentes cosas que tenía que hacer y no sabía cómo navegar los diferentes procesos de mi maternidad. Le agradecí mucho su apoyo, ella me abrazó con mucha ternura y me dijo "todo va a estar bien". En ese momento sentí una conexión muy especial con ella. Me sentí muy afortunada de tenerla a mi lado y la ayuda que me brindaba este país.

Betsy, me llevaba a todos mis chequeos médicos y en el camino, me compartía sus experiencias trabajando con mamás adolescentes y muchas eran historias exitosas lo cual me daba esperanza. En una de las muchas visitas al hospital, me presentó a una de las asistentes médicas, al parecer, fue mamá adolescente y Betsy también fue su *Resource Mother*. Intercambiamos unas palabras y me aconsejó que siga estudiando. Betsy me tomó de la mano y me dijo "Al igual que ella, tú también vas a tener tu profesión". Hasta ese momento, aparte de Mr. York, no había tenido a nadie que se preocupara o me aconsejara sobre la importancia de mis estudios y lo que podría lograr en el sector académico o laboral. A medida que pasaban las semanas y los meses, Betsy se volvió una persona muy especial para mí. Yo recurría a ella frecuentemente como apoyo emocional. Ella no solo me ayudó a navegar el sistema complejo de mi embarazo, sino que también me enseñó a soñar, le agradezco mucho a Dios por haber tenido a Betsy, mi *Resource Mother*, en mi vida.

Cuando el día llegó, yo estaba más que lista con un maletín con ropa. Me compré un pijama de seda blanca con corazones (porque antes muerta que sencilla). Y recordando días antes del nacimiento de mi hermana Dianita, ya tenía preparada las cosas de mi bebé en un pequeño bolso. Al llegar al hospital, ya con dolores bastante intensos, me recibió una enfermera muy gentil. Los dolores eran punzantes, las contracciones eran como garras que comprimían mi vientre, sentía como si, literalmente, un elefante estuviera sentado encima mío. Yo contenía el gritar de dolor para no molestar a los demás pacientes, pero el dolor era intolerable. La enfermera que asignaron a mi cuidado me tomó de la mano y me observaba con cierta dulzura, como si en mí, viera a su propia hija. Después de eternos minutos de dolor, entró el doctor y me preguntó cómo me sentía., Yo lo miré, llena de sudor y sin fuerzas ni para contestar su pregunta. El me miró y le indicó a la enfermera que llamé al anestesiólogo para que me administrara la epidural (anestesia regional para aliviar el dolor durante el parto). Minutos después, que para mí fueron una eternidad, llegó el anestesiólogo; se presentó, pero yo con el dolor sentía que estaba a punto de desmayarme y prácticamente tenía bloqueados mis sentidos de audición y habla, y no escuché nada de lo que me dijo, solo quería que termine con mi agonía. Con la ayuda de la enfermera, me sostuvieron los brazos y me removieron la parte de atrás de mi bata, el anestesiólogo me susurró al oído "No te muevas, esta es una inyección mágica". Y así fue, sentí un alivio inmediato y en menos de dos horas, di a luz a una hermosa bebé, ella rosadita, con ojitos hinchados, pequeños rizos negros pegados a su cabecita y con un fuerte llanto lleno de vitalidad. Yo agotada, pero feliz, la sostuve impactada por lo frágil y pequeñita que era. Fue un momento mágico. No podía creer que había llevado en el vientre a un ser tan bello y perfecto: mi hija. La miré por largos minutos, admirando lo hermosa que era. Mi princesa, mi hija Yanira. Con 16 años, yo era la madre más joven de todo el hospital, pero estaba llena de fuerzas y más que lista para enfrentar la vida y los retos que vendrían de la mano de mi Yanira.

Las primeras semanas después de tener a mi bebé, ya en casa me daba un poco de temor lo frágil y pequeñita que era. La enfermera que me visitaba constantemente me recordaba que no debía poner muchos cobertores en su cuna para que no se asfixiara, que tuviese cuidado con no abrigarla mucho porque no era necesario ya que en casa había calefacción, que no durmiera con ella porque la podría aplastar, entre muchas otras indicaciones. Yo, por momentos, me sentía abrumada y con miedo de que le pasara algo. Cuando estaba a cargo del cuidado de mis hermanas menores no recuerdo que nadie me indicara lo que tenía que hacer ni cómo y no era consciente de todos estos importantes detalles acerca del cuidado de bebés. Yo, simplemente asumí la responsabilidad sin un manual. Ahora reflexionando en cómo crié a mi hermana, creo que, definitivamente tenía un ángel guardián que nos protegía, porque yo (a mis 12 años) no tenía el conocimiento ni la madurez suficiente para cuidar a una recién nacida. Gracias a Dios que a mi hermana nunca le pasó nada bajo mis cuidados, pero me aterra pensar que, fácilmente, hubiera puesto su vida en peligro por algún descuido.

Las primeras noches fueron bastante difíciles, Yanira dormía durante el día, pero no de noche y lloraba sin cesar. Yo trataba de dormir cuando ella lo hacía, pero para mí era difícil dormir durante el día, además, la enfermera me indicó que debería empezar a estructurar sus horarios porque cuando regresara a la escuela, iba a ser difícil hacerlo sin dormir lo suficiente.

Mi abuelita, al enterarse, me entregó una pequeña hamaca rosada que ella misma había hecho y la colocó en la cuna, con una especie de soga cubierta por un material muy delicado, que se extendía hasta mi cama. Me indicó que acostara a Yanira en la hamaca y cuando llorara de noche solo jalara la soga para mecerla hasta que se quedara dormida. Y como por arte de magia, así fue. Cuando mi bebé lloraba en la noche, yo simplemente jalaba la soga para mecerla y ella volvía a dormir. Esa invención me ahorró noches de desvelo.

Entre todas las indicaciones que recibía de la enfermera, ella me enfatizó mucho la importancia de la leche materna en el desarrollo de los bebés. Me intrigó mucho el tema y al día siguiente me dirigí a la biblioteca pública a investigar más. Leí mucho acerca del beneficio de la leche materna, pero no pude encontrar ni un libro acerca de cómo una mamá adolescente puede dar de lactar a su bebé. ¿Cómo iba a balancear los horarios de lactancia con los horarios de mi escuela?

Mi casa quedaba aproximadamente a 20 minutos de la escuela, ¿cómo iba a salir de la escuela para dar de lactar a mi bebé y regresar a mis clases? No tenía idea de cómo hacerlo. Hasta que un día, revisando la sección de bebés en una farmacia cercana encontré un aparato muy curioso, con una especie de embudo que operaba con baterías e inmediatamente lo examiné en detalle. Me di con la sorpresa de que era un "extractor de leche materna". Al principio me pareció bastante absurdo y hasta cómico, pero me dio curiosidad. Así que me acerqué a la sección del servicio al cliente y le pregunté a una de las cajeras cómo trabajaba este aparato y qué tan efectivo era. Ella con una sonrisa me dijo, "ese aparato es pequeño pero poderoso, yo lo usé con mi hijo y me funcionó muy bien". Así que, sin pensarlo mucho, lo compré. Al regresar a casa, lo abrí rápidamente y empecé a usarlo, al principio fue bastante frustrante porque no producía suficiente leche materna para dejar a Yanira durante mis horarios de estudio. Así que recurrí a mi enfermera, ella me explicó que durante la lactancia era de suma importancia mantenerse hidratada y consumir alimentos que ayuden a la producción de leche. Me entregó una lista de comidas y bebidas que debería incorporar y fui introduciendo esos cambios alimenticios para que mi bebé obtuviese la mejor fuente de nutrición.

Yo estaba muy agradecida con la enfermera por prepararme en mi prematura etapa de mamá y tomaba nota de todas sus instrucciones y recomendaciones, para darle los mejores cuidados a mi bebé. A medida que pasaban las semanas, se me hacía más difícil separarme de ella. La tenía cargada todo el tiempo y ella se acostaba en mi pecho como si los latidos de mi corazón le dieran cierta tranquilidad. Algo que también aprendí en mis clases para padres. La conexión física es muy importante en los primeros años del bebé, ya que no solo crea vínculos afectivos, sino que también reduce el llanto, la ansiedad y ayuda a los bebés a dormir mejor. Todas las noches antes de dormir, le cantaba al oído y le pedía mucho a Dios que proteja a mi hija y que viviera todas sus etapas y disfrutará a plenitud. Era consciente que el camino no sería fácil, pero estaba dispuesta a sacrificarlo todo porque mi bebé fuera feliz.

A medida que crecía, recuerdo que siempre coordinaba sus vestidos con sus pequeños zapatos y lazos en su pelo del mismo color. Mi hija era tan bonita, perfecta y pequeña que, a veces, sentía que era una muñequita. Tenía mucho miedo de dejarla al cuidado de otros, sentía que nadie podría cuidarla y protegerla como yo.

Tal como lo había acordado con mi consejera estudiantil, después de varias semanas tras dar a luz, empecé a recibir clases particulares con un maestro muy amable con aire de Papa Noel, por su barba y pelo blanco. Yo estaba contenta y agradecida por la ayuda que la escuela me ofrecía gracias a la intervención de Mr. York. El 'profe' me traía la tarea de distintos cursos y me resumía las clases de la semana. Para ser sincera, no aprendí mucho porque mi mente estaba saturada y agotada. Los cambios eran abrumadores y me costaba muchísimo concentrarme.

Se me dificultó mucho separarme de mi hija cuando tuve que regresar a la escuela. Pensaba todo el tiempo en ella y era muy difícil concentrarme en clase. Además, durante varios meses, constantemente tenía que correr al baño por los dolores de la lactancia y en esos tiempos las escuelas públicas no estaban equipadas para proveer comodidad a mamás adolescentes como yo. Me hubiera facilitado mucho la vida tener un espacio privado para poder continuar con el proceso de extraer mi leche materna pero lamentablemente llegó un momento en que ya no pude continuar con la lactancia materna.

Frecuentemente, pensaba en cómo iba a mantener a Yanira. Así que decidí buscar un trabajo a medio tiempo. No podía vivir con la incertidumbre o esperando que todo fluya. Vivía con mi mamá, pero ella tenía su pareja y mis hermanas aún eran pequeñas. Yo no me sentía cómoda siendo una carga para mi familia. Tampoco quería depender de la ayuda de los demás.

Comencé a postular a trabajos en tiendas cercanas a mi casa. Vi un aviso en una cadena muy reconocida que decía "se necesita fotógrafo con o sin experiencia". Yo, sin pensarlo mucho, me presenté y pocos días después me ofrecieron el trabajo. Aunque nunca había tomado fotos profesionales, la necesidad de generar ingresos me impulsó a aceptar su propuesta. Días antes de empezar, me instruí con libros de la biblioteca pública para tener conocimientos básicos. Me sentía muy nerviosa. El hacer cosas nuevas siempre aterra, te saca de tu lugar seguro, pero pensaba en qué tan duro podía ser. Si me iba mal, me podrían despedir, pero podría seguir postulando para otros empleos.

El primer día de trabajo llegué temprano. Eso es algo que aprendí de mi tío Jerry, mientras más temprano llegues a tus compromisos, mejor. Tienes tiempo para prepararte y estar calmada. El gerente, un hombre joven y amable, se presentó y me explicó mi función, además de enseñarme cada equipo del estudio. "Todo es mucho más fácil de lo que piensas", me comentó. A mí me daba miedo el solo tocar algo y dañarlo. Al inicio, solo observaba y tomaba nota. Por las noches al regresar a casa, revisaba mis apuntes, mientras alistaba a mi bebé para acostarla. La veía muy poco. De día, iba a la escuela. Al salir de clases, ya por la tarde, pasaba por casa para darle su leche y si tenía algunos minutos extras comía algo rápidamente, y me dirigía a mi trabajo.

Rápidamente, me volví una experta en fotografía y ventas. Desarrollé una estrategia para vender accesorios adicionales a las fotografías que tomaba. Después de imprimir las fotografías, las colocaba en cuadros que combinaran, para que vean el resultado final. Los clientes no compraban únicamente el paquete de fotografías, sino también los cuadros para colgarlas. Como era la única fotógrafa que hablaba español, las familias latinas sacaban citas solo conmigo. Mi jefe me daba más horas para poder satisfacer la alta demanda. Eso me motivaba, me hacía sentir que lo hacía bien y tenía talentos especiales. Fue ahí que noté el poder de ser bilingüe en Estados Unidos.

Conforme avanzaron los meses, supe que tenía que buscar a alguien que cuidara a mi pequeña Yanira. No quería sobrecargar a mi mamá ni a mi abuelita. Tras varias entrevistas a potenciales niñeras, fui descartando opciones. Una fumaba, aunque decía que solo lo hacía cuando los niños se iban, su casa tenía olor a cantina barata. Otra vivía a 15 minutos de mi casa y me pareció lejos, pues el coche que yo usaba era bastante viejo y en caso de que se me malograra, tardaría una eternidad en recoger a mi bebé. Finalmente, encontré a una señora argentina muy amable y religiosa. Pese a que yo no tuve una formación sólida en ese sentido, lo consideré importante. En la vida, todos te pueden fallar, pero Dios es el único que te va a sostener. Si yo no tenía la experiencia ni las herramientas para formar a mi bebé en la fe, ella podía darme una mano. Me sentí feliz con mi elección.

Capítulo Once

MÁS ALLÁ DE LOS OBSTÁCULOS

Me gustaba mucho mi trabajo, pero era consciente de que cuando quisiera independizarme, no podría mantener a mi bebé con ese bajo salario. Todos los días pensaba en cómo tener estabilidad económica sin tener que estudiar cuatro años en la universidad, al menos no por el momento, porque nunca descarté el hacerlo. Entonces, pensé en lo importante que sería terminar el curso de enfermería. Era mi boleto para ganar más dinero y poder estudiar, así sea en una universidad comunitaria, como lo pronosticó mi consejera estudiantil.

Muchos días de largas jornadas de estudios y trabajo, llegaba a casa con la intención de repasar mis lecturas de enfermería, pero mi mente no daba. El cansancio me vencía. Recuerdo que, durante muchas noches, lloré al lado de la cuna de mi Yanira, pidiéndole a Dios que me ayude, porque no quería ser parte de la estadística de madres adolescentes que no logran estudios superiores. Sentía en el alma que no pertenecería a ese grupo. Yo quería lograr grandes cosas, no solo por mi hija, sino también por mí misma. Las clases se tornaban cada vez más intensas y las chicas que me hacían la vida a cuadritos en la escuela también asistían a la misma clase de enfermería, para mi mala suerte. Llegaban tarde y se la pasaban riendo y burlándose de mí, pero yo estaba tan agotada física y mentalmente que ya no me importaba lo que hacían o decían. Sus burlas ya no me molestaban, sino, todo lo contrario, me daban lástima. Afortunadamente, conocí a una amiga de mi edad que también era mamá. Coincidimos mucho y en los breves momentos de descanso en las clases, intercambiábamos fotos de nuestras hijas y compartíamos nuestras experiencias criándolas. Nos ayudábamos mutuamente. Ella fue un gran apoyo para mí.

A pesar del esfuerzo sobrehumano que dedicaba a mis estudios, terminé el curso de enfermería con una nota muy baja. Acudí a la instructora y con el rostro desconsolado, le pregunté qué pasaría. "No pasarás al siguiente nivel, pero estoy segura de que encontrarás un trabajo en el sector médico como recepcionista o asistente", me respondió. Llegué a casa y lloré por varios días, el llorar y desahogar de esa forma se había vuelto en algo casi frecuente, era mi única forma de desahogar. Fueron días muy difíciles, pero no se lo conté a nadie.

Bastante desmoralizada, seguí el consejo de mi instructora de enfermería y empecé a buscar trabajo en los sectores que me propuso. Elaboré mi hoja de vida, con muy poca experiencia, pero incluí mis habilidades para darle un toque adicional. En esos tiempos, las postulaciones se enviaban por fax. Así que, diariamente, iba a una tienda que ofrecía servicios de fotocopia y fax que estaba a 15 minutos de mi casa para enviar mi hoja de vida a los diversos sitios que encontraba en los periódicos locales. Lo hacía religiosamente. Tenía que persistir y aferrarme a las pocas oportunidades que se me presentaron.

Poco después, me gradué de la escuela secundaria. Mi mamá, abuelita y tías asistieron a la ceremonia. Eso me alegró mucho, pero no estaba satisfecha, porque pasé los cursos con muy baja nota. Igual sé que hice mi mejor esfuerzo. Ni mi cuerpo ni mi mente daban para más. A comparación de mis compañeros, quienes, al concluir la ceremonia de graduación, se fueron a celebrar, yo salí apresurada porque María Julia se había quedado cuidando a Yanira y a mis otras hermanas pequeñas. Ella solo tenía 13 años y era mucha responsabilidad estar al cargo de niños pequeños. Lo sabía por experiencia propia. Así concluyó mi vida escolar. Con mucha velocidad, y poco tiempo para disfrutar las diferentes etapas de mi vida adolescente y celebrar mis pequeños logros.

La señora Betina, al verme físicamente agotada y con pocos recursos, me ofreció ir a vivir con ella. Me ofreció su ayuda con los cuidados de Yanira, aliviarme de ciertos gastos de la casa que aportaba y así poder enfocarme en trabajar y estudiar. Me dio mucha tristeza contemplar la idea de dejar a mi familia, pero no tenía mucho qué pensar. Simplemente, no podía ahorrar. Puse mis sentimientos a un lado y me enfoqué en el futuro de mi hija. Fue una decisión muy difícil para mí. Sentí que estaba abandonando a mis hermanas y que no estaría presente para protegerlas, pero no tenía otra opción.

Ya graduada, me mudé a la casa de la señora Betina. Ella trabajaba mucho, incluso los fines de semana. El poco tiempo que tenía libre, lo dedicaba a cuidar a Yanira. Para mí, era una bendición contar con su apoyo. Conseguí un empleo como recepcionista en una oficina médica y, a la vez, decidí tomar un curso de asistente de enfermería, ya que no pude concluir el curso de enfermería que tomé en la escuela por mis bajas notas. Con cierto alivio, sentí que, por fin, podía enfocarme en prepararme en una carrera técnica. Debo admitir que esa profesión no me emocionaba, pero era lo más realista para mí en ese momento de mi vida.

A pesar de tener un trabajo tiempo completo como recepcionista en una oficina médica habían meses que simplemente no me alcanzaba para cubrir los gastos de mis estudios. Así que decidí buscar ingresos adicionales trabajando los fines de semana.

Después de varias semanas de postular a diversos trabajos sin ningún resultado, recurrí a la señora Betina. Ella, como siempre, extendiéndome su apoyo, me dijo que la podría ayudar los fines de semana en su trabajo limpiando casas para así ganar un dinero extra. Limpiaríamos casas lo más temprano posible para tener el resto del día disponible y pasar tiempo con mi bebé. Así comencé esta nueva aventura, con un poco de temor porque no sabía mucho de esta línea de trabajo y no me consideraba una experta en limpieza. Pero como todo en mi vida, tenía que adaptarme y hacerlo lo mejor posible porque necesitaba el dinero y no tenía muchas opciones, todo era por darle a mi hija un futuro mejor. En el camino, en mi primer día, la señora Betina rápidamente me indicó lo que tendría que hacer y cómo dividiríamos el trabajo. Al llegar a la primera casa, para mi sorpresa era mucho más grande de lo que había imaginado. Y pensé, ¿cómo íbamos a terminar de limpiar esta casa en un par de horas? La señora Betina, toda una experta, sacó sus productos de limpieza del coche, me entregó un recipiente con guantes y otros materiales que previamente había preparado para mí y me dijo, ¡Sígueme! Yo muy temerosa entré a la casa y los dueños estaban allí. Ella los saludó y me presentó como su ayudante, ellos muy amables me sonrieron. Empezamos limpiando la parte de arriba. La casa ya estaba limpia y ordenada, no necesitaba mucha limpieza, en mi opinión. Pero yo simplemente seguí las instrucciones de la señora Betina, mientras ella limpiaba los baños de rodillas fregando el piso, sentí una gran melancolía por las personas como ella que hacen estos trabajos por años. Es un trabajo honrado y digno, pero limpiar y constantemente estar expuesta a productos de limpieza tóxicos no es nada fácil. Al dirigirme al dormitorio para continuar con la limpieza, me sorprendí de que el hijo de los dueños estaba en su cama viendo televisión, posiblemente tendría sus 14 o 15 años, él me preguntó quién era y le contesté que era la ayudante de la señora Betina. Él se rió y me dijo que era muy niña para trabajar y debería estar estudiando. Yo le contesté que eso era exactamente lo que estaba planeando hacer, estudiar, pero como no tengo dinero, tengo que trabajar para pagar mis estudios. Él solo me miró y se retiró del dormitorio. Mientras seguía recorriendo la casa y limpiando los diversos espacios, observaba a la familia sentados en su comedor disfrutando de su desayuno y compartiendo conversaciones muy amenas. Mientras la señora Betina y yo estábamos literalmente de rodillas limpiando los pisos. Después de cuatro largas horas, finalmente terminamos, y yo exhausta, nunca había limpiado tanto en mi vida. Recogimos todos los productos de limpieza y la señora Betina se dirigió a los dueños a recoger su pago. Al dirigirnos al coche, me quedé observando la casa y recuerdo, muy vivamente, que me prometí que algún día tendría una casa así y, al igual que ellos, me sentaría en mi comedor a disfrutar los frutos de mi esfuerzo con mi pequeña familia. Esa experiencia no solo me enseñó a valorar el trabajo de limpieza que ejercen muchas personas en este país, sino que también me sirvió de motivación y fuerza para seguir luchando por mis sueños.

Mi estadía en casa de la señora Betina fue buena. Su familia siempre fue amable conmigo, me incluían en sus reuniones sociales y aprendí mucho de su cultura. Aunque también eran latinoamericanos, sus costumbres eran distintas. Incluso, hay palabras que tienen significados diferentes. A veces, ella me preguntaba por qué no comía lo que ella cocinaba. Yo trataba, pero había comidas que no me gustaban. Me sentía en la obligación de aceptarlas por agradecimiento, pero no perdía la oportunidad de regresarlas a la olla cuando ella contestaba el teléfono o se distraía con algo. Cocinaba muy bien, pero yo tengo un paladar especial para la comida. Me crié en un país que es líder en gastronomía, así que me fue difícil acostumbrarme.

Pese a que la relación no andaba bien con el chico de los dientes chuecos, decidí continuar. Estaba dispuesta a luchar para darle estabilidad emocional a mi hija. Las pocas amigas que tenía me cuestionaban cómo podía seguir con él.

Éramos muy diferentes, en todo aspecto. Yo trataba de involucrarme en su vida social, pero por más que lo intentaba no me adaptaba. Me sentía en la obligación y no lo hacía por voluntad propia. Todo ese ritmo de trabajar, estudiar, atender a mi bebé y procurar encajar en sus gustos me agotaba física y mentalmente, al punto que ya ni me importaba mi apariencia. Empecé a usar pantalones anchos y polos de dos o tres tallas más grandes. Yo, que soy baja de estatura, parecía sacada de las caricaturas. Fueron meses largos y complicados. Solo pensaba en que algún día, no muy lejano, mi hija podría disfrutar de una casa grande, como la que limpiaba con la señora Betina. Quería que ella lograra todo lo que se proponga. Y que tenga una vida muy diferente a la mía.

En el trabajo que tenía como recepcionista, el pago no era suficiente para cubrir mis gastos básicos, así que decidí empezar a buscar otro empleo. Cometí el error de contárselo a una de mis colegas la cual tenía una relación excesivamente cercana con el doctor que me contrató. Él era un hombre aparentemente serio, de descendencia asiática, y estaba casado. Donna era una chica moderna y extrovertida. Ambos se encerraban, por horas, en su oficina continuamente. Todo el personal sabía lo que sucedía, pero nunca nadie lo comentaba. Cuando le conté mi intención, fue más rápido que los periodistas de farándula a contarle al doctor. Inmediatamente, recibí una llamada en la que me preguntó si era cierto. "Sí, doctor", respondí, con la voz quebrantada. "Si es así, puedes irte hoy", me dijo, con un tono seco y arrogante. Yo me quedé en shock, pues aún no tenía nada seguro. Sentí que el mundo se me venía encima. ¿Cómo iba a solventar mis estudios de asistente de enfermera y los gastos de mi bebé? No sabía qué hacer. Me detuve a pensar y asimilar lo que había ocurrido. Me puse mi cartera en el hombro y, con la frente en alto, me dirigí hacia Donna y el doctor. Les agradecí por la oportunidad y caminé hasta la salida conteniendo las lágrimas y sin demostrar mi desesperación. Llegué a mi coche, un Hyundai de 1987 y lloré como una bebé. No tenía idea de qué diablos haría. ¿Quién me contrataría con tan poca experiencia laboral? Con los ojos hinchados y la moral por el piso, fui a recoger a Yanira de la casa de la niñera. Al ver mi rostro, ella me preguntó si pasaba algo. Como de costumbre, ocultando lo aparente, contesté que había tenido un mal día y necesitaba descansar.

No pude procesar lo ocurrido. Cuando eres madre adolescente con escasos recursos, no tienes tiempo para lamentar tu suerte ni para deprimirte. No debía decaer, por mi hija. Tenía que pararme y seguir. No había otra opción, así que empecé a postular a otros empleos en oficinas médicas que encontraba en los periódicos. Muchos de estos trabajos solicitaban personal bilingüe. Era cierto que tenía poca experiencia laboral, pero hablaba dos idiomas y debía usarlo a mi favor. A los pocos días, me llamaron para una entrevista. Emocionada, fui a mi armario a buscar ropa. Como no encontré nada adecuado, me vi obligada a comprar una falda (la más barata de la tienda) con el poco dinero que me quedaba. Me preparé muchísimo. Tenía que hacer las cosas bien. Una pareja de doctores me entrevistó. Ella era una señora rubia, bastante subida de peso y despeinada. Él, un latino de estatura baja y muy bien vestido. Yo era consciente de que no tenía mucha experiencia laboral para el puesto de recepcionista médica, ya que solo trabajé unos meses en la oficina del doctor anterior, pero intenté compensarlo hablando de mis cursos de enfermería en la escuela secundaria y compartiendo mi manejo del inglés y español, y mis otros talentos como el ser detallista y organizada. Además, contaba con referencias como la de Mr. York. Ellos, sin decir más, me contrataron en el momento. ¡No lo podía creer! Al salir de la oficina, entré a mi coche y me puse a llorar, pero esta vez de felicidad. En el tiempo que trabajé en esa oficina médica, aprendí todo lo posible para seguir buscando mejores oportunidades. Estuve muy contenta durante ese tiempo, pero vivía constantemente angustiada porque trabajaba a una hora de mi casa, y siempre tuve temor de quedarme varada por el mal estado de mi coche. Nunca sabía si iba a encender o no. Y ni qué decir del sonido que hacía el motor cuando lo manejaba. Era tan escandaloso que me estacionaba a una cuadra de mi centro laboral, para no pasar vergüenza.

Un día de invierno, pasó lo que tanto temía, mi coche dejó de funcionar en una de las calles principales y la nieve me llegaba hasta las rodillas. Yo no tenía celular, así que, con mucha dificultad, caminé hacia un teléfono público y llamé al chico de los dientes chuecos. Por algún motivo que no consigo recordar, él estaba molesto conmigo y, aunque le rogué que me auxiliara, solo me dijo que recogería a la bebé. Yo sentía una mezcla de emociones: tristeza, desesperación y ansiedad. No sabía qué hacer. No tenía más monedas para usar el teléfono público. Mis manos estaban moradas del frío y la impotencia se apoderaba de mí. No contuve las lágrimas. Me costaba entender por qué me pasaban esas cosas.

De repente, un señor muy elegante se me acercó y me preguntó qué me pasaba. Yo, agotada y con un frío intolerable, le contesté que mi coche se había averiado y no tenía a nadie que pudiera ayudarme. Él me brindó su abrigo y me ofreció llevarme a casa. Quizá fui muy confiada, pero no tenía otra alternativa y sentía cómo el frío extremo penetraba hasta mis huesos. Saqué mis pertenencias de mi auto y acepté la propuesta. Su coche era muy elegante. El interior era de cuero y tenía aroma a nuevo. En el camino, me habló de su negocio y su intención de revolucionar el sector médico. Estaba creando una aplicación para que los doctores emitan historiales médicos y los pacientes puedan acceder a ellos desde cualquier sitio. En el 2000, eso no era común. Yo lo escuchaba, pero mi cabeza estaba mentalizada en llegar a ver a mi bebé e idear cómo iría a trabajar al día siguiente. Al llegar a casa, le agradecí el buen gesto y me entregó una tarjeta con su información de contacto. "Cuando desees, me llamas", me dijo. Nunca lo llamé, pero estoy segura de que hoy debe ser una persona exitosa. No solo porque su proyecto hoy en día es una realidad, sino porque en esos minutos me demostró su calidad humana. Espero que Dios lo haya recompensado por su buena acción.

No recuerdo con exactitud qué pasó al llegar a casa. Es algo que he borrado de mi mente y que, a estas alturas de mi vida, no tiene importancia. Lo que sí recuerdo es que, pocos días después, renuncié al trabajo y empecé a buscar otro más cerca de mi casa, mientras veía cómo conseguía otro coche. Le pedí al chico de los dientes chuecos que me ayudará temporalmente prestándome el suyo, hasta que encontrase una solución y aceptó. Sin embargo, me pidió que deje de estudiar, pues él también quería hacerlo y, con nuestros bajos ingresos, uno de los dos tenía que sacrificarse. Me propuso que cuando él se graduara, me ayudaría. Pensé que si él era exitoso, sería un beneficio para nuestra bebé. Él se encargó de manejar toda la economía. Ingresos y gastos. Yo le daba mis ingresos y él hacía los pagos a su nombre. Por la poca educación financiera que tenía en ese momento, no me di cuenta del grave error que estaba cometiendo.

Cierto año nuevo, como era costumbre, él decidió terminar conmigo. Emocionalmente dependía de él. Me mudé nuevamente a vivir con mi mamá y mi

Yanira. La primera noche en casa de mi mamá tuve un sueño bien peculiar. Soñé que esa noche lo había ido buscar a su casa para preguntarle por qué se comportaba así conmigo. Teníamos una hija y no podíamos ser tan inestables le repetía durante el sueño. Al verme, salió furioso en dirección a su coche. Estúpidamente, lo seguí y me sostuve de la ventana del copiloto para que me escuchara. Él me gritó que me moviera y saliera de su vista. Parecía que sus ojos se le salían del rostro por la rabia y hasta odio que reflejaban. Me impacté al verlo, pero no tuve tiempo para reaccionar. En el sueño, estaba tan obstinada en hablar con él que me colgué de la puerta del coche, él aceleró y me arrastró por la carretera hasta que me caí en el pavimento. El impacto fue tan grande que perdí el conocimiento. Luego me di cuenta de que estaba en su dormitorio y una vecina me limpiaba el rostro. Lo miré fijamente y de forma lenta, por el dolor que sentía, fui hasta el baño para conocer la gravedad de mis heridas. Al verme en el espejo, no pude creer dónde me había llevado mi poco amor propio. Tenía los dientes frontales rotos, el rostro lleno de hematomas, raspones y mis rodillas y brazos ensangrentados. Poco quedaba del rostro de niña que todos halagaban. Salí llorando y le pedí que me lleve donde mi mamá. Me levanté de esa pesadilla sudando y con un dolor intenso en el cuerpo como si hubiese pasado en la vida real. Luego caminé hacia la cuna de mi bebé para verificar que estuviera bien. Al verla dormida, la contemplé por varios minutos y lloré desconsoladamente. Sentía que Dios me enviaba señales y por primera vez, me sentí en un limbo sin dirección, ni guía.

Un día el chico de los dientes chuecos llegó a casa y empezó a empacar sus cosas. Sin entender lo que sucedía, le pregunté qué hacía. "Me voy porque me casé", me contestó. Me quedé en shock del impacto de la noticia. A días de su graduación, contrajo matrimonio. Y así, abandonó el hogar y quedé sola con mi bebé sin ningún apoyo.

Esa fue la última vez que lo vi fuera de la corte. Si bien fue un momento difícil, solo me queda agradecerle. Mientras que yo empezaba a navegar la vida como madre soltera a mi temprana edad, las demandas por las pocas cosas materiales empezaron a llegar al igual que por la custodia de mi hija.

Capítulo Doce

ADIÓS A LO MATERIAL

La pelea en la corte me trajo muchos problemas no solo económicos (porque tuve que trabajar de mesera los fines de semana para poder contratar un abogado), sino también en mi empleo en el sector médico. Las múltiples demandas que emitía eran de nunca acabar. Sentía mucho agotamiento físico y mental, pero, con la frente en alto, sacaba fuerzas de donde sea para pelear por la custodia de mi hija. No me importaba terminar viviendo en un refugio o sin nada, con tal de estar con mi hija. Esta vez yo iba a pelear con uñas y dientes.

Las citaciones en la corte eran, aproximadamente, dos veces por mes. Eso me causaba inconvenientes en mi trabajo por todo el tiempo que me quitaba, así que opté por ir solo cuando el tema sea sobre la custodia de mi hija. Podía quedarse con todo lo demás. Al fin y al cabo, lo material se repone. Yo trabajé desde niña y, de una u otra forma, me compraría mis cosas en base de esfuerzo. En el proceso, el juez determinó que como yo no tenía las suficientes pruebas de haber contribuido a los pagos del auto y demás (porque le daba mis cheques y él se encargaba de hacer los pagos) el carro le pertenecía. Esa es una lección de vida que aprendí: si vives con tu pareja y no están casados, asegúrate de que los pagos estén a nombre de ambos. Saquen cuentas mancomunadas para que no te pase lo mismo que a mí.

Después de más de un año de sufrimiento y escasez económica —por todos los gastos que significó este proceso legal— finalmente, gané la custodia total. Si recordara el nombre del juez, le enviaría una carta de agradecimiento. Al escuchar su veredicto, sentí que el alma me volvió al cuerpo. Por fin, podría vivir tranquila con mi hija y construir nuestro hogar. Como toda madre, ese día decidí cerrar aquel tormentoso capítulo, sin contarle nada a Yanira. No quería que tenga resentimientos, sino, por el contrario, quería que crezca como cualquier otra niña, en un hogar feliz y lleno de amor.

Ya mucho más tranquila, pude concluir mi curso de asistente de enfermería, el cual me abrió muchas puertas en el sector médico. Así, fui escalando poco a poco: de recepcionista a asistente administrativa, luego a asistente de cirugía. Siempre di mi mayor esfuerzo y hacía las cosas mejor de lo que esperaba. Rápidamente, noté la percepción de muchos profesionales en el sector médico en este país sobre los latinos. Muchos consideraban que la gente latina que asistía a las oficinas médicas donde trabajaba no sabían hablar inglés o tenían un nivel bajo de educación. Mis supervisores no me lo decían directamente, pero lo reflejaban en sus acciones y comentarios. Por ejemplo, siempre me asignaban traducir a pacientes que, según ellos, no hablaban inglés, pero, cuando yo empezaba la traducción, me daba con la sorpresa de que muchos de ellos sí conocían el idioma. Sin embargo, por el solo hecho de verlos latinos, asumían que necesitaban un intérprete, sin siquiera preguntar. Además, me asignaban proyectos en los que tenía que asistir a otros colegas. Yo no tenía problema en hacerlo, pero tenía muchas otras habilidades que no me permitían desarrollar. Las oportunidades se me limitaban porque no tenía un título universitario. Cuando subía de puesto o cambiaba de trabajo, me chocaba con la pared de "estudios superiores" y me sentía estancada. Constantemente pensaba en cómo podía hacer para estudiar en una universidad, pero mis ingresos no me lo permitían. Para una mamá de 19 años que no tiene ningún apoyo económico y vive en uno de los condados más caros de Estados Unidos, contemplar la idea de ir a una universidad era imposible. Además, no podía acceder al préstamo estudiantil, pues uno de los requisitos era estudiar a tiempo completo. En otras palabras, el sistema no estaba diseñado para personas como yo, que debían tener dos trabajos para sobrevivir.

Decidí mudarme a un sitio pequeño, que pueda pagar con mi sueldo, cerca de parques y escuelas para Yanira. No quería mudarme constantemente y crear inestabilidad en su crecimiento. Para eso, recurrí a la señora Betina. Fue una de las mejores decisiones de mi vida. El recurrir a mentores que ya han recorrido el camino de la vida es una gran guía, no hay consejo más sabio que el de una persona mayor. Bien dicen que, mientras tú estás de ida, ellos están de regreso, así que, si tienes a tus padres, abuelos u otras personas experimentadas en tu entorno, aprovecha. Como diríamos en inglés, *pick their brains*.

La señora Betina me aconsejó que, en vez de buscar sitios para rentar, compre una propiedad. Según me dijo, el mercado de bienes raíces para el comprador estaba en uno de sus mejores momentos y, prácticamente, iba a pagar lo mismo que en un alquiler. Yo, con menos de 20 años, ni siquiera había imaginado esa posibilidad, pero no lo pensé mucho y puse en acción mi plan de adquirir un inmueble. El proceso fue bastante intenso, pero lo hizo menos tedioso Kiko, mi agente de bienes raíces. De hecho, por más curioso que suene, su nombre fue una de las principales razones por la que accedí a trabajar con él, pues me recordaba al personaje de El Chavo del 8. No tenía los cachetes del verdadero Kiko, pero era muy gracioso y a mí me gusta la gente alegre y bromista, así que pasó mi prueba de selección. En menos de un mes, ya estaba instalada en mi nuevo apartamento. Tenía dos dormitorios, una cocina pequeña y un balcón. No era grande, pero era suficiente para las dos. Además, estaba cerca de la casa de la señora Betina, quien, en ese momento, era más que mi mano derecha. Siempre estuvo a mi lado, en las buenas y malas. Mis muebles los compré a crédito, pues no tenía ni un dólar ahorrado. Poco a poco, a base de esfuerzo y múltiples trabajos, fui amoblando mi departamento a mi gusto. Me sentía muy feliz, capaz y realizada. Pese a mi juventud e inexperiencia, estaba concretando el sueño de darle a mi hija un hogar.

Tuve un sinnúmero de empleos desde recepcionista hasta asistente administrativa durante el día y por las noches y los fines de semana hacía trabajos adicionales. Uno de esos fue cuando trabajé como *greeter* (saludadora o anfitriona) en un restaurante. Con la visión de poder incrementar mis ingresos me enteré de que como mesera, se ganaba bien en propinas. Así que decidí intentar en un local de comida centroamericana. Era mi primera vez trabajando en esa clase de trabajo y todo era nuevo para mí. Vi un letrero en el que se buscaba personal, me dirigí al bar. Estaba preparada con mi hoja de vida y muy presentable, para dar una buena impresión. Pregunté por la persona encargada de la contratación de personal. Con muy poca gentileza, la *bartender* señaló hacia una de las mesas, en donde estaba un señor sentado. Lucía bastante desarreglado, como si tuviera una resaca. Me acerqué a él con un poco de temor porque, aunque el lugar tenía una apariencia agradable, los trabajadores parecían de cantina barata. Me presenté y le expresé mi interés en trabajar ahí. Me miró detenidamente y, tras extender la mano, me dijo que estaba contratada. Quedé totalmente asombrada, pues ni siquiera me preguntó por mi experiencia, pero, como necesitaba el ingreso, no me importó la informalidad de esa supuesta entrevista laboral y salí del restaurante con una sonrisa de lado a lado.

Al día siguiente, me reporté a la hora acordada. Francisco, el dueño del restaurante me recibió cordialmente y me dio algunas instrucciones. Mi rol era recibir a los clientes y dirigirlos a sus respectivos asientos. Sonaba demasiado fácil, hasta que empezaron a llegar equipos de fútbol nacionales e internacionales. El restaurante quedaba cerca de un estadio y era el favorito de muchos turistas. La primera vez que llegó una selección de fútbol, cada jugador me saludó con un beso en la mejilla. A pesar de que en mi cultura eso es algo común, yo no estaba acostumbrada a hacerlo con gente extraña. Tras sentar a todos en su mesa, me dirigí al baño a lavarme la cara. Los chicos eran guapos y amables, pero me pareció excesivo tener que saludarlos con beso. De cierta forma, como trabajaba en el sector médico, era muy precavida con los gérmenes y la higiene. Al concluir mi turno, le comenté a mi jefe lo ocurrido y le comuniqué mi incomodidad. Él, entre risas, me dijo que normalmente eso no pasaba. "Al parecer, les agradaste", comentó. Opté por no darle importancia a ese inapropiado comentario para no perder mi trabajo.

Con el tiempo, fui sintiéndome cada vez más incómoda. Cuando llegaba gente en el rubro político o personajes públicos del área, Francisco me asignaba atenderlos. Eso creaba conflicto con las meseras que tenían mucha más experiencia y años que yo trabajando. Con los jugadores de fútbol era peor. No importaba lo que estuviera haciendo. Si ellos llegaban, me tocaba recibirlos. Me sentía como una muñequita de pastel, que servía de decoración. Después de varios meses, decidí renunciar porque, aunque ganaba buenas propinas, sentía que no era un buen ambiente para mí. Al informarle a Francisco mi renuncia, me pidió que mantuviéramos contacto porque —el muy sinvergüenza— estaba enamorado de mí. Salí corriendo con sentimientos de culpa y vergüenza por haber permitido que ese viejo verde me ofendiera de esa forma, pero, sobre todo, por tolerar sus demandas solo por un poco de dinero. Fue la última vez que trabajé en un restaurante. No porque piense que todos se manejan de la misma forma, sino porque me dejó un mal sabor de boca.

Con la fuerza y resiliencia que me caracterizaban, seguí buscando trabajos adicionales para sustentar mi hogar. No podía darme el lujo de deprimirme o lamentar mi suerte. Mi hija y yo teníamos que comer y las cuentas no me esperaban. Continué con mi búsqueda y llegué a un local de radiología que estaba abierto los siete días de la semana. Podía laborar los fines de semana y las noches, luego de salir de mi empleo principal. Allí conocí a Daria, una chica preciosa con ojos verdes bien pronunciados como los gatos y de pelo negro azabache. Era de ascendencia mexicana y persa. Después de un breve intercambio de palabras, conectamos inmediatamente porque teníamos muchas cosas en común. Me ofreció una entrevista al día siguiente y me contrató. Daria era una persona muy empática y cuando vio a mi hija por primera vez entendió todos mis sacrificios. Ella era mi gerente y, constantemente, me ofrecía flexibilidad en mis horarios, para pasar más tiempo con mi hija. Yo valoraba mucho su buen corazón. En ocasiones, Daria, Yanira y yo solíamos salir a comer y a pasear a los parques cercanos. Como ella no tenía amigas latinas, conmigo podía practicar el poco español que hablaba. Con el tiempo, nuestra amistad se fortaleció y nos apoyábamos mutuamente. La relación con su esposo no era buena, como un cáncer avanzado que no tiene cura. Dormían en cuartos separados y no tenían hijos. Ese aislamiento le causaba mucha depresión y ansiedad, por lo que subió más de doscientas libras de peso, equivalente a noventa kilos. Batalló muchos años contra el sobrepeso y su fracturada relación. Y yo por mi lado, trataba de crear estabilidad económica para mi hija. Mi objetivo era, en un futuro no muy lejano, estudiar en la universidad y obtener una carrera profesional. Las dos nos consolábamos mutuamente.

Tenía apenas 19 años y, como toda chica de esa edad, quería salir a fiestas y tener una vida social. Obviamente, no tenía el tiempo que tenían aquellas que no eran mamás como yo, pero me daba mis escapadas con amigas, de vez en cuando. Por cerca de dos años, salí con un chico, pero la relación fue bastante superficial. Al principio, como siempre pasa, todo iba bien, pero, con los meses, se volvió vanidoso, mujeriego y egocéntrico. Me visitaba cuando le daba la gana y, sin mucho drama, la relación llegó a su fin. Era todo lo contrario a lo que buscaba. Quería estabilidad y alguien que quisiera a mi hija y a mí, pero era consciente de que sería muy complicado encontrar una pareja que entendiera mi estilo de vida y responsabilidades a tan temprana edad. Los chicos eran simplemente chicos y no tenían la madurez necesaria para entender la responsabilidad de tener una hija. Varios años más tarde, ese muchacho me contactó para pedirme disculpas. Lo tomé como una experiencia más de la que tenía que aprender.

En mi intento por formar un hogar feliz para Yanira, no podía evitar sentirme sola. Y no necesariamente en el aspecto amoroso, sino familiar. Extrañaba mucho a mi padre, a quien no veía hacía mucho tiempo, pues se encontraba en Perú. Recurrí a un abogado para que me guiara en el proceso de solicitar que mi padre pudiera vivir conmigo. Hablé con Daria para que me incrementara mis horas los fines de semana para juntar el dinero necesario para el trámite. Trabajé muchas horas y con la bendición de Dios, pude reunirme nuevamente con mi padre. Se volvió un gran apoyo en la formación de mi hija. A los pocos meses, mi hermana María Julia también se mudó conmigo. Ella estaba en plena adolescencia y, en esos momentos, contar con la presencia y guía de mi padre fue muy importante para las dos.

Capítulo Trece

PRÓXIMO DESTINO: LA UNIVERSIDAD

En los noventa, la evolución tecnológica tomó mucha fuerza. Mantenerme al día de todas las novedades se dificultaba sin una computadora. El hermano de la señora Betina me ayudó a financiar mi primera computadora, la cual me ahorró muchas visitas a la biblioteca y, sobre todo, me permitió pasar más tiempo en casa con Yanira. Aunque me daba vergüenza pedir ayuda, mis ganas de salir adelante y progresar era más fuerte que mi orgullo. En las noches, acostaba a mi hija, y seguía un ritual que disfrutaba mucho hacer, le leía un cuento y cantaba hasta que se quedara dormida. Cuando era niña, mi padre siempre lo hacía con María Julia y conmigo. Recuerdo lo feliz y protegida que me sentía con ese pequeño acto, así que lo apliqué con Yanira. Para que siempre se sienta querida y protegida. Esos momentos de conexión con mi hija, los tengo muy presentes en mi memoria y corazón. Pero también le inculcaba el saber valerse por sí misma. Si se caía, yo no corría a auxiliarla. Más bien, dejaba que se levante sola para recién reconfortarla. Traté de crear un balance. No sé si hice bien o mal, pero es la formación que le pude dar con lo aprendido a mi corta edad, para que sea una mujer capaz de afrontar los altos y bajos de esta vida.

Dedicaba horas a aprender acerca de los diferentes programas informáticos con la esperanza de aplicar mis conocimientos en el trabajo y seguir avanzando profesionalmente. Estaba tan concentrada en progresar que no tenía el tiempo y ni la energía para socializar. Mis amigas al ver mi aislamiento me recomendaron ciertos *chats rooms* en línea, a los cuales ingresaban para conocer gente. A vísperas de San Valentín a insistencia de ellas, decidí entrar a uno de esos espacios virtuales. Sin saber bien qué hacer, me puse a leer conversaciones de los diferentes usuarios. Me entretenía bastante y me quedaba horas viendo las locuras de los cibernautas. Uno de esos días en que me conecté, repentinamente me salió la foto de un chico morocho con una melena ondulada y muy atractivo. Lo ignoré, pero poco después, me envió otro mensaje y decidí contestarle. Entablamos una conversación muy amena durante varios días. Este chico llamado Gino era muy gracioso y teníamos muchas cosas en común. Pese a que vivíamos en diferentes Estados y proveníamos de distintos países, su mejor amigo era peruano y sabía bastante acerca de mi cultura. Compartíamos los mismos gustos por la música y por la comida del mar entre otras cosas. Intercambiamos números de teléfono, empezamos a hablar casi a diario y me pidió conocernos en persona. Para mí, todo eso era una emoción diferente. Tuvimos mucha química desde el primer día en que comenzamos a hablar por teléfono. Como él no vivía en Virginia, me pidió que elija un lugar para pasear y él me recogería de mi casa. Yo, emocionada, accedí.

Cuando vi su coche llegar al edificio en el que yo vivía, le pedí a María Julia que apuntara la placa del coche, por si algo me pasaba. Era mi manera de tomar precauciones (según yo). Una vez dentro del coche, me di con la sorpresa de que la foto del chat era muy distinta a cómo se veía en persona. "Te ves muy diferente", le dije, sin contenerme. Riéndose, me explicó que esa foto era de su adolescencia y que actualmente tenía 28 años. En vez de darme miedo, me causó mucha risa.

De pronto, puso una salsa romántica, una de mis favoritas. Sorprendida, le pregunté cómo conocía esa canción. Yo pensaba, que a los dominicanos les gustaba más la bachata y el merengue. "Es una de mis favoritas", me contestó. Sin decir nada, disfrutamos la música todo el trayecto y mientras manejaba, me volteaba a mirar y sonreía. En ese momento, sentí una conexión especial. Al bajar del coche, pude verlo más detenidamente. Era alto, de tez morena con el pelo ondulado pero mucho mayor a lo que reflejaba la foto del *chat room*. Yo era todo lo opuesto a él. De estatura baja, tez canela y cabello liso (aunque a la fuerza), porque me lo alisaba. A su lado, me veía como su hermana menor.

Después de ese primer encuentro, comenzamos a comunicarnos mucho más seguido y me visitaba varias veces a la semana. Conoció a mi papá y a mis hermanas, y entablamos una relación bastante apresurada. El, siete años mayor que yo, constantemente me decía que quería formalizar y que se enamoró de mí desde el primer día que me vio. Me llenaba de detalles hermosos diariamente y manejaba una larga distancia desde su casa para verme todos los días, así solo sea por unos minutos. El amor entre los dos fue creciendo rápidamente y sabía que él era la persona con la que quería pasar el resto de mi vida.

Gino era una persona bastante hogareña. Le gustaba pasar tiempo en casa, reparar cosas en mi departamento y cocinar. Genuinamente, le gustaba la vida familiar. Pero Yanira, quien ya tenía casi cinco años, no sentía mucha afinidad por él. Por más que Gino se esforzaba en complacerla en todo, para ella no era fácil que de pronto aparezca un hombre en casa. Ella era la princesa, todo giraba a su alrededor. Era hija única y la primera nieta de la señora Betina y además, la primera sobrina de todas mis hermanas. Gino, en su intento de conectar con ella y de ganarse su cariño, nos invitó a pasar un fin de semana en su apartamento. Ubicado a poco más de una hora de donde vivíamos. Mi hija, no muy feliz con la idea, alistó su mochila con ropa, juguetes, cuadernos y lápices de colores. Todo el camino en el coche estuvo en silencio. Parecía como si su pequeña cabecita estuviera pensando en algo, de forma muy intensa. Yo en el asiento del pasajero, volteaba a verla constantemente y la encontraba totalmente perdida en el espacio. Me pareció sumamente raro, pero pensé que era su forma de expresar su disgusto.

Al llegar a casa de Gino, noté que todo estaba muy organizado. "Otro visto bueno para él", pensé. En mi mente, tenía una serie de requisitos para mi futura pareja y figura paterna para mi hija. Yanira le preguntó dónde iba a dormir y él muy atento la llevó al cuarto de visitas, el cual había decorado especialmente para ella. Muy de prisa, entró y como si tuviera algo urgente que hacer, sacó sus cuadernos y sus lápices de colores para pintar. Dejé que se entretuviera haciendo sus dibujos y me dirigí a la sala con Gino. Algunas horas después, mientras conversábamos, escuchamos los gritos de Yanira desde la habitación. Asustados, corrimos a ver qué pasaba. Mi hija tenía los ojos hinchados, como si hubiese llorado por horas. Frustrada, me enseñó una pintura que, según dijo, le había regalado a Gino. Lo llamativo era que estaba rota en varios pedazos. Con el dedo, lo apuntó. "Él la rompió", dijo, con la voz entrecortada. Yo, sin entender lo que pasaba, le pedí a Gino que nos llevara de regreso o pediría un taxi. Él confundido, me negó rotundamente haberlo hecho, pero aceptó dejarnos en nuestra casa. En el trayecto, mi hija no dejaba de llorar. Yo me sentía enfurecida y decepcionada.

Al bajar del coche, le dije que no me llame más y que no quería volverlo a ver. Él insistió en que estaba siendo sincero, pero yo no quise escuchar más. Con Yanira en brazos, me fui sin mirar atrás. Al entrar a mi hogar, le di un baño y la puse a dormir. Me dirigí a mi cuarto y, ya más tranquila, empecé a reflexionar sobre lo que había ocurrido. ¿En qué momento pudo dañar la pintura, sin que yo me dé cuenta? La secuencia de los hechos no cuadraba, pero no era una opción poner por encima de mi hija a un hombre al que conocía hace muy poco, por lo que decidí cerrar ese capítulo en mi vida. Aunque después del incidente, me llamaba frecuentemente, yo no le contesté.

Un domingo, como de costumbre, vestí a Yanira con un vestido celeste claro, un saco elegante y un gorrito del mismo color para ir a desayunar a un lugar bastante lujoso, a treinta minutos de mi casa. Quería enseñarle que no necesitábamos de un tercero para tener tradiciones propias y darnos nuestros gustos. Yo trabajaba horas extra durante la semana para poder llevarla a sitios especiales, porque quería que sienta que a pesar de tener una mamá joven y con pocos recursos, también podía consentirla de vez en cuando y llevarla a lugares lujosos. Mientras todos los niños comían con sus padres, nosotras nos sentamos en una pequeña mesa. Como de costumbre, ella ordenó panqueques con arándanos y crema. Yo pedí lo más barato que encontré en el menú. Esos momentos los aprovechábamos para conversar de cómo le iba en el kínder o cómo la trataban sus profesoras. Ese día, noté que sus ojitos se pusieron rápidamente rojos y agachó la cabeza repentinamente mientras disfrutábamos el rico desayuno. Le consulté qué le pasaba. "Tengo algo que decirte mamá, pero no te molestes", respondió. Tomé su pequeña mano y le dije que me contara, que no me enojaría. Ella, como si contara un secreto y susurrando, me preguntó si recordaba la pintura que Gino había roto. Le respondí que sí y le aseguré que él ya no se acercaría a nosotras. "Lo siento, mami, yo la rompí", admitió, con algo de culpa. Quedé con la comida a mitad de mi garganta. No podía creer que había armado todo ese espectáculo para que yo terminara con un chico con el que, después de tanto tiempo, sentía una química especial. "¿Por qué lo hiciste?", le pregunté, pero ella solo rompió en llanto. Por más enojo que sentí intenté contenerme, pues apenas tenía cinco años. Pedí la cuenta y nos fuimos a casa. Mientras ella veía sus dibujos animados, decidí llamar a Gino por teléfono. Él, como si estuviera esperando mi llamada, contestó de forma inmediata.

"Lo siento mucho", le dije, casi susurrando. "Mi hija me acaba de confesar que fue ella quien rompió la pintura".

"No te preocupes" contestó, riendo. "Solo quiero que sepas que jamás haría eso a ningún niño. Dejémoslo atrás. Te extraño".

Tras esa corta conversación, retomamos nuestras salidas. Él sorprendía a Yanira con regalos, pero ella aún mostraba recelo y poco agradecimiento. Sin embargo, la química que ambos sentíamos era tan grande que, en apenas dos meses, me propuso matrimonio. Lo hizo mientras manejaba a un centro comercial y sostenía el volante, me puso un anillo en el dedo y me hizo la pregunta. Aunque me pareció un poco apresurado, no contuve la emoción y acepté. Y así, muy naturalmente me uní a un hombre maravilloso marcando el inicio de otra etapa en mi vida.

Semanas más tarde, Gino se mudó a mi apartamento. Yo ya tenía 21 años y pensando en el futuro, establecí ciertos planes de ahorro para poder concretar mi sueño de ir a la universidad. Se lo comenté a Gino y él me apoyó al cien por ciento. Al día siguiente de conversarlo, me fui temprano a la universidad comunitaria para registrarme y recordé las palabras de mi consejera estudiantil. Si iba al único sitio al que, según ella, podía ir, era para usarlo como trampolín para llegar a la universidad que quería, George Mason.

Al llegar, me sentí como una niña entrando a una tienda de dulces. No podía contener la felicidad que sentía, pero la realidad me bajó de mi nube rápidamente. ¡Los precios de las clases eran excesivos! Pedí una copia de los costos para revisarlos detalladamente y me fui con un nudo en la garganta. Al llegar a casa, me sentí desdichada. ¿Por qué todo en mi vida era tan difícil? Por un lado, estaban los chicos a quienes sus padres les dan todo y no quieren estudiar. Por otro lado, yo, que a pesar de las adversidades tenía toda la motivación necesaria, pero no los recursos. Pensé durante toda la noche en lo que haría. Tirar la toalla simplemente no era una alternativa.

A la mañana siguiente, regresé a la universidad comunitaria y me registré en una clase. Era todo lo que podía pagar y en cuotas, pero estaba decidida a estudiar, así sea un curso al año. Ya registrada, me dieron mi lista de libros y para agregar complicaciones, el costo del estacionamiento. ¡Era tan caro que parecía que me estaban cobrando por guardar mi coche en la Casa Blanca! Nuevamente, regresé a casa con los ánimos por el suelo. No sabía cómo haría para pagar todo pero mi motivación era tan grande que sacaba fuerzas para seguir persistiendo. Al próximo día en la universidad, le expliqué a la secretaria de la oficina de admisión mi situación y le pregunté si conocía otras opciones más económicas para adquirir los libros o algún estacionamiento gratuito. "¿Estacionamiento gratis? No vas a encontrar. Si encuentras, me avisas para yo también llevar mi coche allí", contestó en tono de burla. Yo, mentalmente exhausta y cansada de ir y venir sin ninguna orientación, la miré a los ojos y con voz firme le dije: "Mira, sé que quizá no te guste tu trabajo y lo siento por ti, pero por eso mismo estoy acá, para obtener una carrera que yo disfrute, así que te agradecería que, por favor, me facilites la información. Es lo único que te pido".

En sus ojos se notaba que quería botarme de la oficina, pero se limitó a contestarme que me dirija a la librería de la universidad y que preguntara si tenían los libros que necesitaba, pero ya usados, para que el costo sea menor. Le agradecí y me fui rápidamente antes de que me botara. Seguí su consejo y encontré lo que necesitaba a mitad de precio. Con ese tema resuelto, me fui en búsqueda de algún estacionamiento. Encontré uno a algunas cuadras, en un sitio bastante aislado y poco iluminado. Me aterraba la oscuridad, pero no tenía otra opción. Solo me quedó pedirle a Dios que me proteja. Y así, a los 21 años, después de varios años de múltiples trabajos, problemas económicos y desilusiones, finalmente empecé la universidad comunitaria. Era consciente de que demoraría una eternidad, pero no me importaba. Mis ganas de estudiar eran tan fuertes que estaba determinada a lograrlo, cueste lo que cueste y tarde lo que tarde. Una vez ya registrada, le comenté con mucha emoción a mi supervisora en mi trabajo que finalmente había logrado inscribirme en un curso para comenzar mi sueño de obtener un título universitario. Ella me abrazó y me felicitó, me dio un abrazo tan genuino y sincero que me hizo sentir que iba por el camino correcto y que estaba rodeada de personas que me apoyarían hasta el final. Ella me facilitó tener un horario flexible para poder asistir a clases.

En mi primer día, tenía muchos sentimientos encontrados. Entre la emoción de comenzar una nueva etapa en mi vida educativa hasta sentirme intimidada por el nivel académico de mis compañeros de clase. Llevaba cuatro años sin abrir un libro y me aterraba la posibilidad de no estar a la altura del resto de estudiantes, recién graduados de secundaria. Pero no había tiempo para lamentos. Ya me había tirado al agua sin salvavidas y solo me quedaba aprender a nadar. Lo que algunos captaban en minutos a mí me tomaba horas. Cuando eres estudiante y tienes responsabilidades y a la vez eres mamá, es complicado enfocarse en la lección en su totalidad. Mientras el profesor dictaba la clase, yo pensaba en las deudas que tenía que pagar, en cómo estaría Yanira, en qué cocinaría al llegar a casa, en cómo financiar mi próxima clase, en lo peligroso que sería caminar hasta donde estaba mi coche, etc., etc. No puedo negarlo, no fue nada fácil al principio. Sin embargo, no iba a permitir que mis obligaciones sean barreras para llegar a mi meta final, obtener mi título universitario.

Seguí organizándome con mis dos clases según mi horario de trabajo, pero llegó el momento en el que mis ingresos ya no eran suficientes. Así que decidí regresar a trabajar los fines de semana, algo que había dejado a pedido de Gino, ya que él prefería trabajar más para yo no lo tuviera que hacer y dedicar más tiempo a Yanira. Pero no quería sobrecargar a Gino, no era justo para él. Conseguí un segundo empleo los fines de semana, nuevamente. Sabía que sería difícil sacar buenas calificaciones, trabajar todos los días y pasar tiempo de calidad con mi familia, pero era la única alternativa. No calificaba a un préstamo estudiantil, por no estudiar a tiempo completo, lo cual es totalmente injusto y demuestra la inequidad del sistema. ¿Qué mamá puede estudiar a tiempo completo, llevar de cuatro a seis cursos y trabajar para mantener a sus hijos? Es imposible, salvo que te mantengan o tengas solvencia económica. El sistema, contrario a lo que debería ser, no está diseñado para personas como yo. Lo que se avecinaba no sería fácil, pero me sobraba determinación. Así que empecé a trabajar los siete días de la semana. Estudiaba en horas de almuerzo o al final del día. Muchas veces, incluso, amanecía con los libros como almohadas. No tenía dinero para comprarme ropa y me sentía culpable pero una voz interna me decía que continuara, que era la única forma de salir adelante. Siempre estuve decidida a no ser parte de las estadísticas.

Al finalizar mi primer año, entendí que la sobrecarga de trabajo no era saludable ni sostenible, por lo que renuncié a mi segundo trabajo y me tomé un descanso para reevaluar mis opciones. En ese lapso, Gino me pidió que estableciéramos una fecha para casarnos, ya que yo lo había postergado en repetidas ocasiones. No contábamos con los ahorros para costear una boda ya que el presupuesto que teníamos sólo nos alcanzaba para pagar mis gastos universitarios. "No me importa no tener una celebración, lo verdaderamente importante es que nos tenemos el uno al otro", le dije. Yo estaba muy agradecida con él porque nos demostraba su amor incondicional y me brindaba el apoyo necesario para poder estudiar y lograr uno de mis sueños más preciados. Así, un 23 de mayo, sin anillos y nada más que nuestro amor y convicción, fuimos a una corte y contrajimos matrimonio. El notario que nos casó nos obsequió unos aros de un material frágil, como esos que se usan de adorno en los pasteles de bodas, pero no me interesaba. Yo me sentía feliz de estar con una persona íntegra, de buenos sentimientos, que nos quería a mi hija y a mí, y que creía en mí.

Capítulo Catorce

LOS SUEÑOS SE HACEN REALIDAD

Poco tiempo después, salí embarazada de mi segunda hija. Todo pasó muy rápido, así que tenía que tomar decisiones al mismo ritmo. Como la familia crecía, optamos por vender el pequeño departamento en el que vivíamos. A Gino le aterraba la idea de mudarnos, pues me confesó que tenía dificultad para adaptarse a los cambios. No era una persona muy arriesgada, pero yo era todo lo contrario. Desde muy niña fui resiliente, siempre lista para esquivar cualquier obstáculo que se interpusiera y era adaptable a cualquier cambio. El valor del inmueble había subido significativamente, pero también las demás propiedades. Encontramos una casa de la cual nos enamoramos. Era bastante amplia, tenía vista a un lago rodeado de árboles y muchas áreas verdes para que nuestras hijas jueguen y respiren aire puro. El paisaje era hermoso. Lo más importante para nosotros fue que quedaba cerca de escuelas públicas de alto rendimiento académico. Queríamos que tuvieran la mejor educación posible, ya que no podíamos pagar la pensión de las escuelas privadas. El vecindario era bastante caro para nosotros, pero estábamos preparados para hacer ese sacrificio. Así que, en un abrir y cerrar de ojos, di a luz a mi segunda hija. Pero esta vez, pude contar con los cuidados y apoyo de mi pareja. Daria, mi mejor amiga, fue quien eligió el nombre de mi segundo preciado tesoro, Samantha.

Regresé a la universidad al poco tiempo del nacimiento de Samantha. Cada mes que pasaba, me sentía mucho más motivada, capaz e instruida. Los años pasaron con altos y bajos, pero jamás abandoné mi meta. Seguí firme, a pesar de que atravesé momentos complicados. Uno de ellos fue el fallecimiento de mi cuñada, a temprana edad. Por lo que tuvimos que asumir la tutela de sus tres hijos temporalmente. Además, recibimos la visita de la hija de mi esposo que tuvo en su primer compromiso. En total, teníamos a seis menores en casa, todos a nuestro cargo, por lo que me vi obligada a ponerle una nueva pausa a mis estudios. Fue una etapa difícil, pero con el apoyo de mi familia pude manejar el caos. También aprendí que, por más voluntad que tengas de ayudar, no puedes asumir la responsabilidad de todos. Algunos meses después, decidimos que nuestros sobrinos se mudaran con su padre. A partir de ese momento, me sentí más aliviada y pude regresar a la universidad comunitaria, pero llevando más cursos, para avanzar más rápido.

Al volver del trabajo, una tarde de las muchas apresuradas que vivía, Samantha, ya de cuatro años, estaba jugando en la entrada de mi casa con sus amigas. Con prisa, entré para comer algo rápidamente y, tras recoger mis libros y cuadernos, salí rumbo a clases. Mientras me despedía y le daba un beso en la mejilla, escuché que las otras niñas le preguntaron a dónde me iba tan apurada. "Mi mamá se va a estudiar porque cuando era pequeña sus padres no pudieron pagarle la universidad", contestó ella, en su inocencia. Yo jamás le había dicho eso, pero entiendo que fue su conclusión.

Al ingresar a mi coche, mientras manejaba hacia la universidad, reflexioné y sentimientos de culpa invadieron mi alma. A pesar de tener el apoyo de mi esposo y mi papá, los cuales velaban y cuidaban de mis hijas con todo el amor del mundo para yo poder ir tras mi sueño de obtener mi título universitario, pensaba si algún día mis hijas me reprocharían mi ausencia. Si entendían que todo este sacrificio era por ellas, para demostrarles por medio del ejemplo a nunca darse por vencidas. El hecho de haber tenido una mamá adolescente no iba a ser un limitante para que ellas gozaran de las mismas oportunidades que los demás. Con eso en mente, estacioné mi coche en la universidad. Abrí mi maletera, saqué mi mochila, libros y con linterna en mano (para alumbrar el oscuro camino) empecé a caminar con paso fuerte y con la cabeza en alto. Me imaginaba que cada paso que daba era el reflejo de que cada vez estaba más cerca de mi meta y mis hijas al final del camino me esperaban para celebrar nuestro triunfo. Esta imagen, la repetía constantemente en mi cabeza cuando sentimientos de culpa trataban de invadir mi mente.

Durante todos los años en que hacía malabares estudiando y trabajando, nunca me ausenté en los momentos especiales e importantes para mis hijas. Tenía claro en mi mente, que ellas no tenían que pagar las consecuencias de mis decisiones de elegir ser una mamá adolescente. Si tenía que faltar a alguna clase, atrasarme en alguna tarea o dejar de estudiar para algún examen, lo hacía, simplemente no era negociable. En muchas ocasiones, hablaba con los profesores para que tuvieran compasión de mí, era muy transparente en decirles que era mamá y para mí era muy importante estar presente para mis hijas. Muchos de ellos me ofrecían extensiones para entregar trabajos y poder estar con mis hijas en sus momentos importantes. Fue algo que me ayudó mucho a dar "normalidad" a mi vida y poder continuar con mis estudios.

Entre esos muchos eventos de la escuela de Yanira, recuerdo uno muy en particular, la escuela a la cual asistía organizó una especie de actividad de acondicionamiento físico. Ella estaba muy emocionada por este evento y me lo recordaba diariamente en el trayecto a la escuela. El día anterior Yanira preparó su ropa, un pantalón rosado con dibujos de *Winnie the Pooh* y un suéter en tono plateado, la verdad no iba con la temática del evento, pero ella tenía su propio estilo y yo apoyaba su originalidad. Ese día importante para Yanira le pedí a mi esposo que la dejara en la escuela en la mañana para poder trabajar horas extras y salir temprano del trabajo. Al concluir mi día laboral, llegué a casa y Yanira con una sonrisa de lado a lado, me esperaba en la puerta con muchas ansias y emoción. Yo le di un beso en la frente y subí rápidamente a mi habitación a cambiarme la ropa de trabajo, mientras ella gritaba que me apuré, bajé apresuradamente las escaleras, la sostuve de la mano y nos dirigimos a la escuela. En el camino ella no dejaba de hablar y contar los semáforos para llegar. Yo iba con los labios secos sin haber tomado un vaso de agua en horas y con un hambre que mi estómago parecía tener un concierto de música por todos los sonidos que hacía. Al llegar al evento, Yanira me agarró de la mano y nos dirigimos al grupo de padres con sus hijos haciendo los ejercicios liderados por un profesor de educación física. Saltamos, corrimos, hicimos competencias y bailamos por, aproximadamente, dos horas. Yo quedé agotada y a punto de desmayarme, pero al ver la alegría de mi hija, saqué fuerzas para disfrutar con ella ese momento. Al terminar la activa jornada, no recuerdo el trayecto a casa, estaba tan cansada que mi mente divagaba. La bañé, le puse su pijama y le di un beso al recostarla. El cansancio que tenía era tal que me quedé dormida en el piso de mi sala con la misma ropa que fui al evento de la escuela. A eso de las seis de la mañana, Yanira al lado mío y con admiración me dijo, "¡Mamá, te dormiste con tu ropa!" Yo solo atiné a sonreír y le dije que se alistara para ir a la escuela. Mi esposo para guardarlo en la memoria me tomó una foto mientras dormía en el piso de la sala. Cada vez que veo esa foto, recuerdo ese momento de felicidad de mi hija.

De la misma forma que priorizaba momentos de logros académicos de mis hijas y eventos importantes, quería que ellas también desarrollaran habilidades deportivas. Al trabajar desde muy temprana edad en el sector médico, sabía lo importante que era la actividad física para el buen desarrollo. Así que desde pequeñas las involucré en diferentes deportes como voleibol, ballet y gimnasia, entre otros. Aprovechaba las horas en que ellas practicaban deporte para sentarme en mi coche o en la sala de espera y mientras la mayoría de los otros padres socializaban, yo sacaba mis libros y avanzaba lo más que podía en mis asignaturas. Mientras yo estudiaba sentada en el piso de alguna esquina cerca de un tomacorriente para conectar mi laptop, muchos de los padres solo me observaban.

Durante un verano, mi hija menor Samantha me pidió jugar en una liga de soccer muy popular en el condado donde vivíamos, yo inmediatamente llamé para averiguar el costo de la inscripción. Para mi sorpresa era bastante elevado y fuera de mi presupuesto. Samantha al día siguiente, emocionada, me preguntó si ya la había inscrito en el equipo de soccer, yo le respondí que todavía no, pero lo haría lo más pronto posible. Pensé toda la noche en qué podría hacer para no quitarle la emoción de participar en una liga competitiva. Así que nuevamente llamé al centro de inscripción y le pregunté a la recepcionista si había plan de pagos disponible para que mi hija pueda participar. La persona que me atendió, muy amable, me explicó que no y me preguntó si yo sabía jugar soccer. Yo le contesté que me gustaba mucho el soccer y sabía lo básico, pero no entendía porque me preguntaba eso, si la interesada era mi hija y no yo. "Perfecto, entonces puedes ser la asistente del entrenador y te reducimos la matrícula al 50 por ciento", me dijo la recepcionista. Sin pensarlo dos veces, acepté. Al colgar el teléfono, sentí una gran alegría, pero tan pronto pisé tierra me di cuenta a lo que me había comprometido. Yo nunca había jugado soccer, más que recogiendo la pelota para los equipos de mi colegio en Perú. Además, ¿con qué tiempo iba a hacerlo si el poco tiempo que tenía lo dedicaba a mis estudios? Esa noche al llegar a casa mi hija menor nuevamente me preguntó si ya la había registrado. Yo extendiendo mis brazos la abracé y le dije que sí. “La próxima semana, empezamos”, le afirmé. Ella más que feliz me dijo “gracias, mamá”. Una vez más la felicidad de mis hijas me reconfortaba y me llenaba de fortaleza. No sabía cómo lo haría, no tenía la habilidad para hacerlo, pero sí las ganas. Así, comencé una nueva faceta como “asistente del entrenador de soccer”.

En esos tiempos YouTube no era muy popular para acceder a algún tutorial o a las mejores prácticas en soccer. Así que, en el horario de almuerzo de mi trabajo, llamaba a mis amigos que jugaban soccer y les pedía guía para este nuevo reto, muchos de ellos se reían mientras me daban consejos de cómo ejercer mi rol de asistente del entrenador. Al llegar a la primera práctica, me otorgaron un gorro y camiseta que decía “Asistente del entrenador”. Yo con mucho miedo me presenté al equipo (la mayoría entre seis y ocho años), me retornaron el saludo con un tono muy respetuoso. Se notaba que, en comparación mía, ellos estaban ya familiarizados con la estructura de este deporte. El entrenador muy amable, en muchas oportunidades se quedaba después de los entrenamientos para enseñarme ciertas técnicas con la pelota para yo así poder replicar las hazañas con los niños, pero mi intento fue en vano, simplemente el soccer no es mi talento. Él solo se reía y optó por pedirme que, simplemente, recoja la pelota cuando se necesite y les brinde agua para que los niños no se deshidraten. Aunque otros hubiesen tomado esta asignación como un insulto, yo se lo agradecí. Recuerdo muchas noches llegar agotada y con la poca energía que me quedaba, encerrarme en el sótano de mi casa a completar mis asignaciones de la universidad hasta que mi cuerpo no diera más. Y así concluimos el verano de soccer, Samantha se sentía feliz al haber participado en una liga competitiva y además haber salido campeones de la temporada. El día de la foto grupal, recuerdo que me paré en un lado mientras el entrenador y los niños se tomaban la foto grupal y disfrutar la alegría de mi hija agarrando el trofeo. Yo sabía que ese momento era uno de los muchos que iba a celebrar con mis hijas. El entrenador me pidió que me integrara a la foto porque yo era parte del triunfo del equipo, aunque yo no lo consideraba así, lo hice, y esa foto la guardo en mi baúl de los recuerdos.

Mientras mis hijas crecían yo continuaba con mis estudios en el frío o calor, de día o de noche, con lluvia o tormenta. Así estuviese cansada por trabajar todo el día y por las deudas que me quitaban el sueño, me esforcé en cumplir mi meta.

Hubo días en los que no tenía ni para una Coca-Cola para no dormirme en clase. En las noches, caminaba en la oscuridad con una pequeña linterna, hasta llegar a mi coche. Hoy, reflexionando sobre lo vivido, no sé de dónde saqué fuerzas para continuar.

A lo largo de los años que asistí a la universidad comunitaria, tomé clases de criminología, pensando que sería una carrera que me abriría muchas puertas. Con el tiempo, me di cuenta de que no quería lidiar con asesinatos y tragedias por el resto de mis días. Por más que tuviera buenos ingresos, no compensaría el trauma que arrastraría esto en mi vida. Durante una clase electiva de comunicación, el profesor nos asignó elaborar presentaciones persuasivas para exponerlas en clase. Elegí la etiqueta social y los buenos modales como tema. Me desvelé muchas noches, mientras mi familia dormía. Incluso, utilicé mis horas de almuerzo para hacer tareas y estudiar. Yo estaba nerviosa, pues no me gustaba hablar en público, pero ese proyecto era gran parte de la nota final, así que le puse muchas ganas. Cuando llegó el momento de pararme frente a todo el salón de clase, me sudaban las manos y hasta me sentía mareada, pero me mentalicé en que no podía darme el lujo de repetir materias. No tenía el dinero ni el tiempo, así que tenía que trabajar muy duro. Al concluir mi presentación, me sentí satisfecha y muchos compañeros me felicitaron. En ese momento, descubrí lo mucho que me gustaba exponer y entablar diálogos con una audiencia. Con el tiempo, fui mejorando y empecé a disfrutar el hablar en público y explicar temas complejos.

Semanas después de concluir mi curso, asistí a un certamen de belleza al cual me invitaron como audiencia. Un camarógrafo de una cadena de televisión prestigiosa se me acercó y me preguntó si era periodista. Me pareció bastante extraño, pues ni siquiera había hablado con él. Sonriendo, le respondí que no, pero que sí había tomado clases para hablar en público. "Es todo lo que necesito. ¿Podrías ayudarme con las entrevistas en este evento?", me consultó. Sin pensarlo dos veces, acepté. Las entrevistas fluyeron muy naturalmente y me sentí como toda una profesional. Al concluir, me agradeció y me entregó su tarjeta de contacto. Disfruté tanto de esa experiencia, que me di cuenta de que la carrera que quería seguir era comunicación y periodismo.

A raíz de esa experiencia y tocando muchas puertas, empecé a trabajar en radio, como maestra de ceremonia y como colaboradora en distintas cadenas de televisión en español e inglés. Sin embargo, no podía ejercer el periodismo a tiempo completo, pues aún no obtenía mi título universitario. Eso me frustraba. Quería graduarme lo más pronto posible para ejercer la profesión que sentía era mi vocación, pero mi realidad era otra. Debía trabajar para aportar a los gastos de mi hogar así que decidí buscar un empleo en el cual pueda ganar un poco más y que me diera facilidades para los estudios. Contacté a una amiga que tenía conocimientos en trabajos del gobierno de mi localidad, pero no me brindó ninguna orientación. En ese punto de mi vida, ya estaba acostumbrada no solo a que las cosas no se me presentaran de forma sencilla, sino a que mis amigas me dieran la espalda, pero eso no me iba a parar.

Averigüé sobre el proceso. Actualicé mi hoja de vida y postulé a un puesto de gerente en el sector público. Ya tenía experiencia en supervisión administrativa, pero solo en ámbito privado. Le pedí mucho a Dios que me diera un empujón. No todo podía ser tan difícil en mi vida. Era mi única oportunidad de tomar más cursos y finalmente graduarme de la universidad comunitaria. Hasta que finalmente, recibí una llamada en la que me ofrecieron una entrevista. ¡No lo podía creer! En un área tan competitiva, con más de un centenar de candidatos profesionales y mejor calificados que yo, me habían elegido para pasar una prueba. Me preparé durante varios días, como si me jugara la vida. Memoricé todos los servicios que esta agencia del gobierno ofrecía. Practiqué por horas delante de un espejo, me compré un traje profesional y recordé todo lo aprendido en mis clases de comunicación. Llegué a la entrevista muy nerviosa, pero con fe en que se me facilitaría el camino y podría concretar mi sueño. Y así fue. Me convocaron a una segunda entrevista y finalmente, me ofrecieron el puesto. Casualmente, la agencia en la que trabajaría era la misma que envió la enfermera a casa cuando di a luz a Yanira, la cual me enseñó el camino desconocido de la maternidad por medio de cuidados, valiosas lecciones y me preparó en mi travesía como mamá adolescente. En este cargo, yo también podría asistir a madres adolescentes por intermedio de la salud pública. Sentí que no era coincidencia que la vida me guíe a esa función. Estaba segura de que se me daba la oportunidad de retribuir la ayuda que me brindaron en un momento importante de mi vida. Para mí no era un trabajo, sino una bendición. Más que un compromiso laboral, sentía un compromiso moral. Era el lugar adecuado en el momento preciso. Los tiempos de Dios son perfectos.

Mi nuevo trabajo no fue sencillo. Muchas personas no aceptaban que yo haya sido la elegida, habiendo candidatos internos con muchos más años de experiencia que yo. Los primeros meses fueron bastante difíciles, pero yo trataba de cumplir con mis responsabilidades y aprender nuevas cosas. En una oportunidad, me senté en un pequeño escritorio ubicado en la recepción para observar y aprender las diversas necesidades de los distintos pacientes que acudían a este centro y conocer en qué podía apoyarlos. A pesar de tener una oficina, estaba interesada en conocer cómo marchaban las funciones de las personas a las que supervisaba. Quería tener todas las herramientas necesarias para guiar en mi nueva posición como gerente administrativa. De repente, entró un hombre alto y bien vestido. Le pregunté en qué podía ayudarle y me contestó que tenía una reunión con la gerente. "Mucho gusto, mi nombre es Claudia y soy la encargada de esta oficina", le dije. Él me miró de pies a cabeza y soltó una risa. Sin saber qué decir, le pregunté nuevamente en qué podía servirle. "¿Tú eres la gerente? ¡Pareces una niña! Pensé que eras la recepcionista", me contestó. Sonreí y lo dirigí a mi oficina. Desafortunadamente, esos comentarios fueron comunes durante muchos años de mi vida. El ser madre adolescente e inmigrante trae mucho aislamiento social. Yo nunca pude ser parte del grupo de mamás de la escuela de mis hijas, pues todas me duplicaban en edad y no teníamos nada en común. Mi realidad era muy distinta a la de ellas. En las reuniones escolares, siempre estaba sola. Mientras las demás conversaban sobre sus vacaciones, sus ejercicios o la última remodelación de sus casas, yo pensaba en que tendría que ponerme al día por faltar a mis clases de la universidad. Incluso, una de las madres del curso de mi hija Samantha, fue mi maestra en la secundaria y sé que lo comentaba en el grupo de mamás. Pero no dejé que nada se interponga en mi meta. Aprendí a crear un escudo para evitar que los comentarios negativos influyeran en mí.

Entre las personas que no tenían mucha afinidad por mí en mi nuevo empleo, había una con la que tenía que trabajar directamente. Era muy cortante y su comportamiento reflejaba una predisposición negativa hacia mí en el entorno laboral sin conocerme.

No me permitía entablar una relación cordial. En vez de quejarme con mi jefa, pensé en alguna forma de ganarme su confianza. Utilicé la psicología inversa, mientras ella mostraba su apatía, yo siempre con una sonrisa en el rostro la trataba con mucho respeto. Esa dinámica y rechazo hacia mí, me preocupaba mucho. Me había costado mucho llegar a ese puesto y sentía que era el sitio indicado en el cual podría no solo aplicar todo lo aprendido. Como yo era muy observadora, me di cuenta de que a mi colega le gustaban las sodas dietéticas, así que, en una reunión, le coloqué una en su silla. Por primera vez, me sonrió y me agradeció el detalle al terminar la reunión. Esta persona, a la que llamaré Michelle, para respetar su privacidad, hoy es una de mis mentoras. Me ayudó mucho editando mis asignaciones y cubriéndome durante mi ausencia, cuando tenía que estudiar para algún examen. Fue otra bendición y una lección importante en mi vida.

Algunos años después, con mucho esfuerzo, mi esposo compró una casa de campaña y un pequeño bote para pasear con nuestras hijas. No podíamos hacer viajes por los gastos que generaban mis estudios universitarios, pero eso no fue impedimento para crear memorias con nuestras hijas. Creamos muy lindas memorias acampando en distintas partes de Estados Unidos. Mientras mi familia se sentaba alrededor de la fogata, yo aprovechaba para realizar mis tareas de la universidad o para estudiar para algún examen. Dividía mi tiempo en cubrir mis roles de mamá, gerente, esposa, hija y estudiante, hasta que, por fin, me gradué. Después de 13 años finalmente me gradué de la universidad comunitaria. Mi Yanira era ya una adolescente y Samantha tenía siete años. No puedo explicar todas las emociones que me invadieron. Me sentí muy orgullosa de mi logro. Ese diploma era mío y lo había conseguido con el sudor de mi frente (literalmente). El día de la ceremonia de mi graduación, recuerdo buscar entre el público a mis hijas y me trasladé en el tiempo al momento en que recibí reconocimientos en el colegio en Perú y buscaba a María Julia en el público para dedicarle ese triunfo. Mis niñas estaban felices porque lucharon conmigo. Estaba contenta, pero apenas a mitad del camino, pero más motivada que nunca. Yo quería graduarme de la prestigiosa Universidad de George Mason, donde muchos de mis amigos de secundaria habían estudiado. Semanas después de mi graduación, mi esposo me observó revisando los requisitos de admisión en un folleto de la universidad de George Mason y pensó que era una broma. Me preguntó por qué lo hacía, si ya tenía un título por el que había sacrificado demasiado. Yo le conteste con lágrimas en mis ojos, "porque es mi sueño y no me iré de este mundo sin lograrlo.

Algún día me entenderás". A veces, me sentía culpable pero no abandonaría lo que ya había empezado, eso para mí no era una opción.

Con ayuda de mi amiga y mentora Michelle, envié todos los requisitos a la universidad. Mientras esperaba la respuesta, hablé con mi supervisora, una italiana de armas tomar, con personalidad fuerte pero también de gran calidad humana. Le pregunté si era posible tomar algunas clases durante el día, solo por algunas horas, porque si llevaba muchos cursos en la noche, terminaría muy agotada. Ella accedió y me deseó suerte. Pese a mi agotamiento físico y mental, siempre fui creativa, puntual y entregada al cien por ciento. Esas tres características han sido claves en mi vida laboral para poder escalar y obtener flexibilidad para poder estudiar.

Cuando me llegó la carta de admisión con la esperada respuesta, ya había preparado todo para mis estudios. Tenía flexibilidad en mis horarios, así que estudiaría a tiempo completo para terminar mi bachillerato en dos años y calificar al préstamo estudiantil. Al abrirla, quedé impactada. Me informaban que no me aceptaban y que lo intentara el próximo semestre, sin ninguna explicación adicional. Al día siguiente, devastada y desconsolada, contacté a mi amiga Michelle y con lágrimas en los ojos le conté lo que había pasado. "¿Crees que eres la primera o la última a la que rechazan?", me dijo, abrazándome. "Vamos a rehacer tu paquete de admisión y volverás a postular", agregó. Me sentí ridícula. Yo lloraba como una niña y Michelle tenía razón. Debía intentarlo otra vez. Trabajé muy detalladamente en armar todo nuevamente y cuatro meses después, volví a presentarme. Pero me volvieron a rechazar. Me sentía morir. La carta fue similar a la anterior, sin ningún argumento. Al día siguiente, con la moral por el piso y mentalmente agotada, pedí permiso en el trabajo, tomé ambas cartas y manejé hacia a la universidad y me dirigí a la oficina de admisión. Al llegar a la recepción, pedí hablar con alguien que me diera el motivo por el que habían negado mi solicitud en dos ocasiones. Me contestó que todos los consejeros estaban en una reunión y le dije que no tenía problema en esperar el tiempo que fuese necesario. Me senté en la sala de espera por varias horas, con enojo, frustración y decepción, pero decidida a no darme por vencida. Finalmente, la recepcionista se me acercó y me comunicó que ya había alguien disponible para hablar conmigo. Agobiada y con un dolor de cabeza que me mataba, me acerqué a la consejera, la miré fijamente, le entregué las cartas y le pregunté "¿por qué?" No hacía falta decir nada más. Ella, claramente impactada al ver la decepción que mostraba mi rostro, empezó a revisar mi historia académica en su computadora. "Todo se ve bien, pero al parecer, tu nota de matemática está un poco baja", me comunicó. Me recomendó volver a llevar ese curso, sacar una mejor calificación y postular nuevamente. No sabía si gritar o llorar. Había perdido casi un año en el proceso. Si hubiese sabido eso antes, habría tomado el curso y ya estaría llevando clases para obtener mi título de periodista. Respiré profundamente, le agradecí el tiempo y volví a mi coche. Sentía que todo en mi vida era difícil, pero no me quedó de otra que seguir la recomendación de la gentil consejera. Así, me matriculé en la clase de matemáticas, pero no fue sencillo. Los recién graduados resolvían con los ojos cerrados ejercicios que a mí me tardaban horas. De todas formas, estaba ahí, así que tenía que continuar.

La muerte de mi abuelita fue bastante dura para mí. Ella fue una abuelita muy presente en mi vida a pesar de no haber vivido en Perú, pero siempre estuvo para mí de una forma u otra. Sentí que, tal vez, no le di las debidas atenciones que se merecía en el tiempo que tuve la bendición de compartir con ella. Siempre fue una persona extremadamente independiente, hasta sus 84 años. Se movilizaba de un lugar a otro en transporte público, para ella no habían imposibles. Recuerdo uno de los muchos días de tormentas de nieve, mientras me dirigía a mi trabajo, vi a mi abuelita en la parada del bus. Rápidamente cambié de carril y me estacioné a su lado, bajé la ventana y le dije "¿Abuelita, qué hace ahí? Suba al carro, que yo la llevo", y ella me contestó, "no Claudita, anda no más, ya mi bus llega en cinco minutos, yo estoy bien". Esa era mi abuelita, una mujer autosuficiente, para ella no había barreras. No pude llorar su pérdida ni procesar el perderla. Recuerdo asistir a mi examen final de la clase de matemáticas, para completar el único requisito que me faltaba para ingresar al programa de bachillerato y me sentía morir, no podía contener las lágrimas y el dolor que sentía. Pero, de repente, la imagen de mi abuelita en la nieve esperando el bus, se me vino a la mente, como si me dijera "Claudita, si yo pude aguantar esas largas horas en el frío esperando el bus, tú puedes pasar este examen". Con esa imagen de mujer con determinación y fuerza es con la que me quedé de ella y la que regresa a mi mente cuando atravieso cualquier situación difícil.

Pese a las complicaciones, concluí el curso y postulé a la universidad de George Mason por tercera vez. Ya había pasado poco más de un año desde que rechazaron mi primera postulación. Fueron semanas de extrema ansiedad. Incluso, mis hijas corrían al buzón de correo cada vez que llegaba el cartero en busca de la ansiada carta de admisión. Hasta que, por fin, llegó. Esta vez, antes de abrirla, me senté a orar. Le pedí a Dios que, por favor, me diera una oportunidad, que yo había trabajado duro y sentía que me merecía esa recompensa, pero, si su voluntad era que no continuara con mis estudios, la aceptaría. Mi futuro dependía de esa carta. Después de prepararme mentalmente la abrí y leí el corto texto:

"Su aplicación ha sido aceptada. Felicidades por su admisión a nuestra universidad de George Mason".

Sentí que el alma me volvió al ser. Como no había nadie en casa, empecé a llamar a toda mi familia por teléfono para compartir la buena noticia. Para mí, era como sacarme la lotería. Fue uno de los días más felices de mi vida. El solo recordar ese momento, me emociona y se pone la piel de gallina. No hay nada más satisfactorio que disfrutar de tus logros, especialmente, si tuviste que luchar tanto por conseguirlos.

Al mes siguiente, empecé a estudiar, con la meta de graduarme en dos años. Haría lo que fuese para conseguirlo. Todos me decían que se me haría imposible estudiar y trabajar a tiempo completo, pero a mí no me importaban las predicciones de los demás. Nunca tomé una sola clase virtual. Quería experimentar todo lo que no pude en su debido momento, como comer en la cafetería, caminar por los pasillos de la universidad o ir a la biblioteca. Si iba a hacerlo, lo haría bien. A medida que transcurrían los semestres, me esforzaba mucho, pues mis cursos me demandaban mucho más tiempo y atención que en la universidad comunitaria. Aunque tomaba clases durante el día, debía llevar otras por la noche para avanzar más rápido. Como era costumbre, utilizaba mi horario de almuerzo en el trabajo para tomar cursos adicionales ciertos semestres. Luego, volvía a mi trabajo y al concluir mi jornada laboral, regresaba a la universidad para mis clases nocturnas. El cuerpo ya no me daba, así que me vi obligada a consumir bebidas energizantes para mantenerme despierta. Sabía que le hacía daño a mi cuerpo, pero era la única alternativa para continuar.

En una ocasión, al concluir mi curso, subí al transporte público de la universidad para dirigirme a mi coche, el cual parqueaba en la estación del tren. Fui la última en bajarme, recuerdo que eran aproximadamente las 10:30 p.m. y me sentía como un zombi, por el cansancio. Al llegar a mi coche, me di con la sorpresa de que había dejado mis pertenencias en el bus, al percatarme, corrí atrás del ómnibus gritando desesperada, pero fue en vano. No tenía absolutamente nada de mis pertenencias conmigo, ni siquiera las llaves de mi coche. Todo estaba oscuro, desolado y no había ni una persona alrededor. Aterrada, empecé a correr en dirección opuesta. ¿Hacia dónde? No lo sé, pero corrí como si alguien me persiguiera, hasta que llegué a una estación de gas y pedí prestado un teléfono, para llamar a mi esposo. Tras contarle lo ocurrido, me senté en la acera y empecé a llorar desconsoladamente, pensando en que había perdido mis documentos personales, el poco dinero que tenía y, sobre todo, mi mochila con libros que tanto me habían costado. Sentí como si alguien me hubiera despojado de mi sueño. No podía creer todo lo que me pasaba sin importarme la gente que entraba y salía de la estación de gas, me puse a llorar. Recuerdo preguntarme ¿Por qué? ¿Por qué todo siempre era tan difícil? ¿Por qué todo en mi vida tiene que ser complicado? Y en esos breves minutos de reflexión entendí que simplemente la vida es así, hay personas privilegiadas que lo tienen todo desde el nacimiento y hay personas como yo, a las que por cada paso que dan, es una batalla. Y solo tenía dos opciones, ser víctima o ser victoriosa. Así que ese día me prometí aceptar la realidad, no quejarme y ser victoriosa. Gino, como siempre a mi rescate, llegó y me calmó. Me sugirió que descanse y me propuso que al día siguiente buscáramos una solución.

Esa noche no dormí y, a primera hora de la mañana, llamé a la empresa de transporte. Desafortunadamente, la persona encargada descartó haber encontrado mis cosas, pero me sugirió que llamara luego, cuando llegara el conductor del turno noche. Impaciente, tomé un taxi y me dirigí a la estación de bus para esperar al chofer en persona. Varias horas después, llegó y le pregunté si había visto mis pertenencias. El señor asintió y me comentó que las había guardado en la parte trasera del vehículo. Lo abracé y le agradecí profundamente. Él, totalmente confundido, me devolvió mi mochila y mi cartera. Me limpié las lágrimas del rostro, enderecé la espalda —como siempre me dijo mi abuelita— y me dirigí a mis clases, para seguir luchando por mi sueño.

Con todo lo que sucedía, yo era consciente de que, si aprobaba mis últimas clases con buenas notas, sería por obra y gracia del Espíritu Santo. Sostener a mi familia, pasar tiempo de calidad con mis hijas, mantener una alta productividad en mi trabajo y continuar con mis estudios era sumamente complicado, pero mi meta estaba clara. Yo veía la luz al final del túnel y sabía que cada vez estaba más cerca. A punta de empuje, fe y tolerancia conmigo misma, el gran día llegó. Era el momento que tanto había esperado, por el que tanto había luchado. Aunque costó, aunque pude rendirme, seguí firme y lo conseguí: llegó el gran día de mi graduación.

El día de la ceremonia, me levanté muy temprano. Quería disfrutar cada momento de este día tan importante y especial, no pasar por alto ningún detalle y guardar cada instante en mi memoria. Lo primero que hice fue agradecerle a Dios por no soltarme la mano, pese a que el camino fue largo y difícil. Prometí que, en adelante, aplicaría todo lo aprendido para ayudar a otras personas que estuvieran en una situación similar a la mía. Después de 15 años de esfuerzo y lucha, el eco de mis logros resonó en el escenario de mi graduación. Cada paso que di hacia adelante simbolizó la persistencia inquebrantable que me llevó a ese momento. Vi mi vida correr rápidamente en mi mente desde mi infancia en Perú, lo bueno y lo difícil, las veces que me dijeron que no podía y las veces que me dieron una palabra de aliento, porque todas esas experiencias me llevaron a este momento, a mi ansiado título universitario. Mientras recibía mi diploma, busqué en la multitud a mis hijas, a María Julia y a mis hermanas y, levantando mi diploma hacia arriba, les dediqué ese logro.

CONCLUSIÓN

Mientras muchos se vieron obligados a quedarse en casa, cuidándose de la pandemia que vivimos en el año 2020, a mí me tocó ser testigo en primera línea de lo frágil que es la vida. Al ser especialista en salud comunitaria y personal de emergencia, tuve que estar, desde el primer día, junto a personas que necesitaban de mi apoyo. El aislamiento y la muerte se volvieron parte de mi rutina. Dar lo mejor de mí sin que el dolor me inunde se volvía cada vez más complicado. Para amortiguar el daño emocional, recordé que estaba en capacidad de manejar mi situación. No podía cambiar lo que estaba pasando a mi alrededor, pero sí podía elegir cómo transitarlo. Fue así como, en mis pocos ratos libres, la primera hoja de este libro empezó a escribirse. Con la idea de que, si algo me pasaba, habría dejado un legado para personas que, como yo, luchan por sus sueños. No soy una víctima, nunca lo fui, pero, al igual que a muchos otros, me tocó batallar con situaciones muy duras. Sin embargo, y aunque antes no lo veía tan claro, la vida misma me preparó para superarlas una por una. Lo reconocí a detalle frente al teclado: las experiencias que me tocaron vivir desde muy pequeña, el crecimiento acelerado y los cambios constantes fueron una especie de entrenamiento para lo que me tocaría vivir luego, siendo madre adolescente. La vida nos pone trabas, pero nuestra misión es encontrar las herramientas necesarias para superarlas.

A partir del momento de mi graduación, mi vida dio un giro de ciento ochenta grados. Las oportunidades laborales me llegaron constantemente. Fui promovida dos veces en mi trabajo en muy corto tiempo y mi salario se duplicó. Me convertí en alguien estable, económica y emocionalmente. Actualmente, tengo una profesión que disfruto a plenitud. Cumplí con mi palabra y, por medio de mi profesión, puedo ayudar a personas como yo, en total desventaja. Puedo luchar por la equidad que a mí se me negó en mi largo trayecto educativo. Los problemas de dinero se terminaron y, paralelamente a mi trabajo con la comunidad, me animé a incursionar en el mundo del periodismo, tanto en inglés como en español. Los conocimientos que adquirí en estos 15 años me capacitaron inclusive para formar mi propio negocio junto a mi esposo.

Mi Yanira actualmente es una mujer independiente, graduada con una maestría y ejerce su profesión con mucha pasión. Samantha se prepara para ser abogada. A su manera, y desde distinto lugar, cada una lucha por un mundo más justo.

Me costó, pero logré ser quien siempre quise. Una niña que creció a pasos acelerados y asumió roles que la hicieron madurar a muy temprana edad. Una mujer que no se rinde, que lucha contra los prejuicios y, si se cae, se levanta más fuerte. Me convertí en una esposa que no tiene temor a necesitar apoyo, pero que también sabe ser soporte. Aprendí a ser una madre que prioriza el aprender, por sobre todas las cosas, que el amor propio, la resiliencia y el ayudar al prójimo son los pilares más importantes en nuestro día a día. Hoy siento orgullo de lo que viví porque me convirtió en lo que soy: una persona con aciertos y errores que sabe que, aunque no sea fácil, los sueños están para cumplirse. Porque no importa cuánto cueste ni cuánto tarde. Se puede. Siempre se puede.

Quiero que este libro sea un testimonio de que nuestras historias pueden trascender lo que la sociedad nos impone y limita. La determinación, fuerza interior y perseverancia son claves para transformar adversidades en logros nunca imaginados. Cada palabra escrita aquí busca inspirar a creer, a confiar en la capacidad que tenemos de crear nuestro propio camino de triunfo. Busco ser la guía que yo, en su momento, no tuve. Quiero que quede claro que vivir bien no es vivir sin tropiezos. Que, por el contrario, la vida se trata de altos y bajos, y de saber levantarte cuando te toque estar al fondo. Si la ruta es lineal, no creces. Por eso, yo no cambiaría nada de lo que me tocó atravesar, porque todo me ayudó a aprender, a madurar y a crecer.

Con esto, no pretendo ser ídolo ni salvadora de nadie. Es mi historia y si a alguien le sirve, me sentiré realizada. Si tú, de este libro, rescatas que quieres estudiar, cumplí mi meta. Si te inspira a luchar por tus hijos, perfecto. Si entiendes que, de lo negativo, debes rescatar algo positivo, también logré mi objetivo.

Esta narración no solo es el testimonio de mi propia superación, sino también una fuente de inspiración para aquellos que, al igual que yo, navegan la maternidad temprana o luchan por alcanzar sus sueños. He dedicado numerosos años de mi vida a la labor social, una pasión que tengo la suerte de compartir con aquellos que, como yo, necesitan un impulso para salir adelante, y es algo que continuaré haciendo, porque en ello he encontrado mi propósito de vida.

Tú eres capaz, eres fortaleza, eres fuerte y resiliente. Si yo logré superar las pruebas que me puso la vida, tú también puedes. He pavimentado el camino para ti. Ahora, comienza tu propia ruta. He compartido mi historia. Ahora es el momento de que escribas la tuya. Ese será mi mayor legado.

Made in the USA
Middletown, DE
27 March 2024

52165930R00082